紫紺の凱歌

明大ラグビー、再建と新時代へ

明治大学ラグビー部 著

KANZEN

刊行によせて

明治大学ラグビー部ＯＢ倶楽部会長
江頭浩司

平素より明治大学ラグビー部にご声援をいただき、誠にありがとうございます。このたび本書『紫紺の凱歌 明大ラグビー、再建と新時代へ』を、２０１８年度の22年ぶりとなる全国大学選手権大会優勝と、間もなく創部１００周年を迎える節目のタイミングで出版することができ、大変嬉しく思っております。

丹羽政彦が監督に就任して以降、日常生活を見直し、部に一体感が生まれて活気が戻ってきたように感じています。チームとしてはラグビー界全体でコーチングスキルのアップやルールの変更等が図られるなかで、しっかりとした目標を立て、肉体的な強化も含めて礎を築き、前に進めてくれました。あとを引き継いだ田中澄憲も礎をより強固なものとし、さらにトップリーグでの経験を踏まえたロジカルなチーム作りに、同時に部員のリーダーシップや自主性・自立を引き出すといった彼らしいカラーで、明治大学ラグビー部をさらなる高みへと導いてくれています。現在、部員たちはお互いに、非常に良いコミュニケーションが取れています。そして勉学に励みながら、早朝から始まる日々の練習にしっかりと取り組み、結果を残しています。

現在のチームと黄金期のチームに共通しているのは、前に向かう強いプレーと執念ではないでしょうか。北島忠治先生の「前へ」と通ずるように、逃げずに当たって突破していく。そのための肉体的な強さと気持ちが現在の部員にも宿っていると思います。これこそ、明治大学ラグビー部の脈々と受け継がれていくべき精神ではないかと感じています。

ＯＢ倶楽部としては今後も継続して、監督やコーチ陣、部員に対してサポートをしていきます。さらには現在、大学と良好なコミュニケーションが取れていますので、その関係をさらに強固なものにし、さまざまなバックアップをしていく所存です。

末筆とはなりますが、出版にあたり、大変多くの方々に取材のご協力をいただきました。改めまして厚く御礼申し上げます。

紫紺の凱歌　明大ラグビー、再建と新時代へ　目次

序章

萌芽

——明治ラグビー復活のために

明治が22年間も衰退していた理由

２０１８年度、この年から新監督となった田中澄憲率いる明治大学ラグビー部は、全国大学選手権大会決勝で天理を22－17でくだし、優勝。１９９６年度以来、22年ぶりとなる大学日本一の座に輝いた。決勝の舞台から姿を消した99年以降、足かけ20年の年月は明治にとって、苦難と表現しても差し支えのない時間だった。そして、そのきっかけとなった大きな出来事の一つが、１９９６年5月、67年間にわたって明治の監督を務めた北島忠治の逝去だ。１９２９年の監督就任とともにチームの礎を築き、「前へ」という明快な指導方針でチームに揺るぎない一本の筋を通し続けた〝御大〟の死は、明治大学ラグビー部にとって、とてつもなく大きな喪失となった。古くからのラグビーファンであれば周知のとおり、明治大学ラグビー部と北島忠治は明確なイコールで結ばれ、偉大な柱を失ったことを意味する。

現在、明治大学ラグビー部ＯＢ倶楽部の会長を務める江頭浩司は、その損失の大きさを次のように説明する。

「これは特定の個人の話ではなく、ラグビー部自体の指導体制の問題ですね。選手やその間に指導にあたってくれたコーチたち全員がそれなりに『前へ』という精神を持っていたと思いますが、それにはやはり北島先生がその扇の要としていらっしゃったことが大きかった。バランスよく動いていたものが、まとめ役の先生がいなくなったことで、みんなが右往左往するというか個人で動くようになってしまったんだと思います。どんな風に選手に教えていくか、大学とどのように連携するか、そういったところに統制が取れなくなっていきました」

ＯＢ倶楽部の副会長で、長くクラブをサポートしてきた渡邉和男も江頭と同様の見解を口にする。

「もともと明治は学生を柔軟に取れる枠があるので、常に良い選手が入ってきていましたから、それをうまくまとめあげて選手個人のレベルを上げれば、かなり良いチームになるはずでした。それが先生がお亡くなりになり、学生にある程度任せざるを得なくなって、チーム力が下がっていった。やはり学生は自分がやってきた以上のことはやれませんから、良い選手が入部しても超高校級のまま卒業していくみたいな感じですよね。それが長く続き、勝ち続けるという意識が残らなくなって、その自信と意識を取り戻すのに時間がかかったということだと思います」

事実、北島が亡くなってからの成績は凋落の一途をたどる。96年の大学日本一を最後に、翌97年とその翌98年は大学選手権の決勝まで駒を進めながら、関東学院のカベに跳ね返された。

90年代半ばからチームのリクルーターとして従事し、２０１３年度からは5シーズンにわたって監督を務めた丹羽政彦は、当時を次のように振り返る。

「北島先生が亡くなった頃、明治は一応強いということで周りからチヤホヤされている部分があって、勝つことによってチームが維持されていただけという印象でした。ある程度は勝っているから周りも何も言わず、僕らが現役の頃に一定路線守っていた、生活面でのいいものっていうのは残らなくなっているなとは感じていましたね。そういうものが段々と消えていって、なんとなくみんな自分勝手なスタイルになっていったというか。だけど勝ってはいるから、そのままで継続されてきたと」

また、江頭の前任として12年にわたってOB倶楽部の会長職にあった鈴木忠義によれば、北島の逝去後に起こった部の不祥事も、歴史あるチームに陰を落としたという。

「大学側とOB倶楽部、現場との間に不信感が生まれてうまくコミュニケーションが取れていなかった時期もあったんですね。それが優勝になかなか結びつかなかったのかなというような気はします」

北島の逝去から3年、99年以降の18シーズンは大学選手権のファイナル進出はおろか、対抗戦での単独優勝さえ一度も達成できていない。2008年度に至っては対抗戦で6位に終わり、ついに大学選手権への出場さえ叶わなかった。もちろん、その間も、指導にあたったスタッフや、選手たちは少しでも良い結果を残そうと、日々トレーニングに打ち込み、OBからは松原裕司、藤井淳、田村優など日本代表選手を輩出した。しかし、あらゆる要因が重なり、明治はかつての輝きを失っていったのである。とは言え、その間に入部した部員や指導にあたった監督・コーチも、ガバナンスが混乱したなかにあっても、前へを継承し、試合で表現する努力はしていた。しかし、急速に近代化するラグビー界で、大きな支柱を失い、その混乱が結果に妙実に表れてしまったのは、必然だったのかもしれない。

2019年、ラグビーワールドカップ日本代表の司令塔・田村優をはじめ、99年以降も多くの日本代表やトップリーガーを輩出したなかにあってもである。そこには輝かしい歴史があるだけで、確かないまと進むべき未来が消えかけていたのである。

明治復権へ丹羽が監督として決断したこととは？

大学日本一から遠ざかること17年、2013年度のシーズンが始まるにあたって吉田義人前監督の後任選びが開始された。OB倶楽部は議論を重ねた末、3人の候補のなかから丹羽政彦を選出し、大学側の承認を得た。丹羽を推薦した理由を前出の渡邉は次のように語る。

「チーム作りのコンセプトや考え方にしっかりとした強い言葉を持っていました。特に重要だったのが、私生活から変えていかなければダメだということ。学生として当たり前のことをきちんとやって、模範や規範となる選手を育てていかないといけない――そういう意識改革の徹底が必要だと」

当時、OB倶楽部の副会長で、現在は幹事長を務める御園桂太も丹羽には大きな期待と信頼を寄せていた。

「彼は清水建設でラグビーや仕事をやってきて、特にトップリーガーとしてラグビー界の先端を走ってきたというわけではなかったけれど、人間性が良く、任せられるという判断でした。是は是、非は非で物事をきちんと分けて進められるし、何より一歩を踏み出す力を持っている。だから、学生に対してもきっちりとものが言えるのではないかと」

こうしてOB倶楽部からの推薦と大学側の承認を受けて、丹羽のもとに監督のオファーが届いた。

しかし、即座に決断することはできなかった。明治大学ラグビー部という看板はやはり重く、しっかりとした指導を継続的に行っていくには北海道に住む家族とも離れて暮らさなければならない。監督のオファーを受けるとはつまり、選手と同じように八幡山の寮に住み込み、寝食をともにするということでもある。

そして、3週間ほど悩んだ末に、監督就任を受諾した。

家族のもとを離れ、選手たちと同じ屋根の下での生活は丹羽にとって大きな負担となったことは想像に難くないが、一方で間違いなくメリットも生まれた。

それまでの選手だけの寮生活では、夜更かし、飲酒、喫煙など、大学生とは言え、およそアスリートらしからぬ行いが頻繁にあったという。逆に言えば、そこにメスを入れる絶好の機会でもあった。

「とにかく私生活を変えないとダメだと思いましたね。ましてや、いまは大学自体の体育会に対する考え方も僕らの時代とは変わってきていて、授業への出席を最優先にしないといけない。だからダラダラとした生活を改善して、時間をしっかりと管理できる体制を作って、そもそもの認識を変えることから始めないといけなかった」

明治大学
MEIJI UNIV.
明治大学
MEIJI UNIV.
MEIJI UNIV.

夜更かし、飲酒、喫煙といった〝悪しき文化〟は、選手がラグビーにプライオリティを置いていないことを意味する。もちろんすべての選手が愚かな行為に手を染めていたわけではないが、一部にでもラグビーを優先順位の一番に置けない選手がいれば、チームは必然的に芯や軸を失っていく。

ただし丹羽は、「選手にすべての責任があるわけではない」と断言する。

「学生が悪いように聞こえるかもしれないけど、本来はそうではないんです。明治大学ラグビー部は本来どういう存在のクラブ、チームであるかということを現役の選手たちにきちんと伝えてこなかったOBに問題があります。

明治の監督というのはいまの学生たちにはわからないかもしれないけど、北島先生でしかありません。先生が何をやってきたのか、どうして90年以上も部が存続してきたのか、こうしたことを学生たちにきちんと伝えないままでいたら、チームは強くなるわけがありません。

僕自身もリクルーターとして現場に近いところにいながら、そういうことは言ってこなかったし、それを理解できるチームにしたいと思いました。明治でラグビーをやるということの意味。それを伝えていくのが監督である僕の仕事だと考えました」

明治大学ラグビー部とは何なのか、どういう存在であるべきなのか。つまりは根本的な部分、そこに対する理解の欠落がチームに暗黒時代をもたらしていたということでもある。

明治の誇りを取り戻すための5つのミッション

　では、明治大学ラグビー部が大切しなければならない〝根本〟とは何なのか。現役時代は北島に直接指導を受け、2006年から17年までOB倶楽部の会長を務めた鈴木は言う。

「先生の著書のなかには『ボールを持った者がリーダーだ』という言葉がよく出てきますが、これは困難な状況があっても自分で考え、恐れることなく、自分の判断で自主性を持って行動を起こす――そういうチャレンジ精神が『前へ』という言葉だと解釈しています。

　先生の教えは、フェアプレー、全力、正々堂々真っ向勝負がベースです。こうした戦う信条、チームスピリットを受け継いでいくこと。さらには大学ラグビー界全体の模範となっていかなければならない。なかには、勝つために手段を選ばない指導者もいますが、先生は人間教育にも重きを置いて指導された方でした。4年間の八幡山での生活を通していろいろ経験をし、学び、将来、世の中に出たときに、それぞれの分野で社会に貢献できる人材を多く輩出する〝部〟になってほしいと思いますね」

　こうした明治大学ラグビー部の軸が、北島の死とともに時間の経過も相まって、クラブそのものから失われつつあったのだろう。それは関東大学対抗戦や全国大学選手権大会の結果にも如実に表れている。

そこで丹羽はチームに誇りに取り戻すべく、自身に複数のミッションを課した。それが次の5つである。

①なぜ明治大学を選んだのか、をもう一度選手に考え直させる。「ラグビーが好きで、歴史あるチームでもっと上手くなりたいと思ったから」ということを再認識させる。
②チームに対して「愛と誇り」を取り戻す。
③組織として「絶対裏切らない」人間になるように言い続ける。
④指導者と選手との「信頼関係の構築」を必ず作る。
⑤世の中に評価される組織運営と指導体制を作り、選手が世界で戦えるという大きな目標を持てるチームへと絶対に改革する。たとえ自分が監督のときに、チャンピオンにならなくても次の体制に右肩上がりでバトンを渡す。

具体的な部分は第2章で後述するが、事実、丹羽は監督最終年となった5年目に次期監督となる田中澄憲をヘッドコーチとして招聘し、チームを19年ぶりに大学選手権決勝の舞台へと導いた。その田中は翌年、丹羽のあとを引き継いで監督に就任し、明治大学ラグビー部は22シーズンぶりとなる大学日本一の栄冠へと輝くことになる。

第1章

着任——困難な道のり

監督就任当初、ラグビー以前の問題が山積みだった

「選手たちはこの部にいる存在意義が何もない。このチームには何もない」

監督就任後、八幡山の寮へと生活の拠点を移した丹羽がそう感じるような出来事があった。

丹羽自身が入寮するより前、寮内の清掃が行き届かず、汚れきっているという状況はコーチ陣からの報告で耳にはしていた。しかし、それは想像を遥かに超えるほどだった。

何よりも大切にしなければならないユニフォームが、普段の練習用ジャージーと同じように散乱した状態で床に置かれ、なかには扉が開かなくなった部屋まであった。解錠すると、案の定、ゴミや練習用のジャージーで埋め尽くされており、生活の規律が全く機能していないことが容易にうかがい知れた。

「明治大学ラグビー部という過去に強かったチームにあぐらをかいているわけではないんだろうけど、ただ部にいるだけなんだなと。明早戦で注目されて、正月は帰ればいいやというような感じは正直受けましたね」

丹羽の監督就任が正式発表されたあとの2013年2月、次期キャプテンである圓生正義はバイスキャプテンの西村雄大らとともに、丹羽のもとを訪れている。選手、特に4年生のリーダー陣からし

てみれば、それまでの慣れ親しんだ指導体制、スタッフが変わるのはとても大きな出来事だ。だからこそ新監督である丹羽の意思を確認し、話を聞いておきたかった。

それに対して丹羽は、「ラグビー以前の問題だ」とはっきりと答えた。

「彼らが『どんなラグビーするのか？』って聞いてきたから、『そんなことは考えていない。ラグビーをする前に解決しないといけないことがたくさんあるんじゃないか』と。彼らは彼らでうまくいっていなかったこと、チームの問題点を言うんだけど、『でもそれって全部が全部、前のスタッフの問題なのか？　お前たち自身で変えられることってたくさんあるんじゃないの？』という話をしましたね。彼らもいままでとは違うという印象を持って帰ったとは思います。結局やるのは選手なんだから納得感というか、理解したうえでやらないと明治は絶対に強くならない。そこに対してチャレンジできるかどうかですよね」

その丹羽の回答に対し、圓生は「ようやくか」と妙に得心したと振り返る。

「1、2年生のときから、ラグビー以外のことを重点的にしないといけないと思っていて、掃除をしっかりやるとか、そういう当たり前のところを丹羽さんは整えてくれました。古いジャージーや用具など僕たちとしても処分していいのかわからないものが随分あったり、掃除されていない汚い部屋なんかもあったのですが、それを捨てていいなどの判断をしてくれて、道筋をきちんとつけてくれたのは助かりました」

掃除だけではなく、挨拶を含めた寮内のさまざまなルールに関しても同じだった。やれと言えばやるが、言われないとやらない。こうした風潮は間違いなく、ラグビーにも悪影響を与えていく。決められたルールを守っていかなければ、実際のゲームでも必要なプレーは出てこない。

「ラグビーは個々の判断がものを言うスポーツ。選手たちには受け身にならず、自分から発信して自発的にやる力を身につけてほしい」

就任当初の丹羽はそう考え、あえて厳しい指摘は行ってこなかったというが、少しでも早くチーム内に生活の規律を植え付けるために、私生活においてもこと細かな指導を行わざるを得なくなった。

すぐにゲームを諦めてしまう選手たち

問題は私生活だけではなかった。実際のゲームのなかにも克服しなければならない課題があると、丹羽は見ていた。それは、選手たちの試合中の態度、気持ちの持ち方だ。ゲームが競った展開になったり、スコアで差がつき始めると、チーム内に諦めの空気が漂い始める。選手は当然、勝つつもりでグラウンドに立ち、スタッフもそのための準備を重ねたうえでゲームに臨んではいるが、こうして積み重ねてきた時間を「絶対に勝てる」という本当の自信にまではなかなかつなげられていなかった。

そのために丹羽はベンチに入り、選手へ鼓舞の声をかけ続けた。

『ここで気を抜いちゃダメだ』とか『声を出してコミュニケーションを取れ』とか『勝とうとする気持ちを出せ』とか、そうやって後押しをしないといけない状況だった。それがどれだけ効果があったかはわからないけど、1点差でもいいから勝つ気持ちを持って戦うべきだと。まずはそういうところに身を置いてチャレンジさせないといけなかった」

ラグビーの監督は本来、ベンチ入りしないのが慣例となっている。試合の前日までにしっかりと時間をかけて適切な準備を積み重ね、ロッカールームから選手を送り出したあとは、観客席に身を置き、選手を信じて見守る。選手交代や細かな指示は無線機器を通じて与えることはあっても、ベンチから直接声をあげて鼓舞する丹羽のやり方は異例だ。しかし、そうしなければならないほど、就任当初のチームには勝利に対する意識が希薄だった。

実際に1年目のシーズンの春季大会では、チームは1勝4敗で5位に沈んでいる。筑波、東海には完封負けを喫し、王者・帝京との一戦では後半残り20分から5トライを奪われ、14－74という大差で敗れた。また、7月に行われた春の明早戦でも後半早々にミスからトライを許し、徐々に集中力と気力を失っていった明治は帝京戦と同様、60点の差をつけられて伝統の一戦を落とした。

〝スコアで差がつき始めるとゲームを投げてしまう〟。前年までの主力選手が抜け、スタッフも一新されたばかりというエクスキューズはあったとしても、80年代から90年代にかけて黄金期を築いたかつてのチームの姿はそこにはなかった。

対抗戦では明早戦で意地を見せ、大学選手権でもあと1試合勝てば正月越え（ベスト4進出）というところまでいったが、〝踏ん張りどころで踏ん張れない〟。勝負どころで結果を出せないシーズンがその後も続いた。

この問題の原因になっていたのは、「大学日本一を本気で目指す」という姿勢がチーム内になかったことだ。圓生は次のように証言する。

「自分としても、1年生のときしか、正月越えをしていなかったわけで、『大学日本一を目指す』と言っても、全員が本気でそう思っているのか、そこが一番の問題である気はしていました。恥ずかしい話なんですが、自分が下級生のとき、チームのなかに『早く終わればいい。実家に帰りたい』という空気が蔓延していた実態があって……。まずはチーム全体で日本一を目指す意識を持てるようにしていかないといけないと考えていました」

本気で日本一を狙い、それを目指すための共通のビジョンを構築する。取り組むべき課題は山積みだった。

厳しいことよりも楽をしようとする悪しき文化

就任2年目の2014年度に入ってもチーム状況はなかなか好転しなかった。特に、「勝つために何をしなければならないのか、何をしてはいけないのか」という勝利のために当然あるべきカルチャーがなかなか根付いていかない。丹羽は、リーダーシップを取るべき4年生に病巣があったと当時を振り返る。

「この年は大きく見れば、キャプテンの勝木来幸が本当にチームをよく引っ張ってくれていました。彼は本当に親分肌で、下級生も『来幸さん、来幸さん』という感じでついていっていた。そこにFWリーダー平井信幸やBKリーダーの水野拓人、寮長の牛原寛章などがしっかりやってくれてはいたのですが……」

丹羽がこう語るように、ごく一部の最上級生に問題行動を取る者がいた。キャプテンを務めていた勝木も、「アクの強い選手が多かった。個性というのか、いい方向でも悪い方向でも影響を与えるメンバーが揃っていました」と言うように、チームをまとめようとする選手と、悪い意味で我が道を行く選手がはっきりと分かれていたのかもしれない。

その一つとなっていたのが、喫煙の問題だった。

当たり前のことだが、丹羽が監督就任以降、部内での喫煙は全面的に禁止となった。アスリートとしてレベルアップしていくため、さらにはチームの勝利のためにも当然のルールである。しかし、以前から喫煙習慣のあった一部の選手はその規則を守れなかった。スタッフ陣の前で吸うことはなかったが、丹羽はもちろん気づいていた。

「見て見ぬふりはできないから、『お前たち、知らないとでも思っているのか』と。ようはチームで決められていることなんだから、それは守れと。プレーヤーとして必要か不必要かという意味で言っているんだから、不必要なことはするなということ。アスリートの喫煙が許される時代ではないし、それでもまだ吸っていたわけで、その悪影響がゲームにも出ていた。そんな状況で下級生がついていこうとするわけがない。

キャプテンの勝木はもちろん、寮長の牛原はチームが少しでもよくなるように寮内のいろいろなルールを思い切って変えたし、平井は練習中から一生懸命頑張る。水野もコツコツとやる。それなのに、なぜ、支えようとしないのか……。本当に悔しくてね。『自分のことしか考えないなんて、明治の選手じゃねえよ』と言ったこともありました。リーダーたちはチームを変えよう、変わろうとしているのに、一部の選手は見つからなければいいという態度だった。こんなことがいつまで続くんだっていう話なんですよ」

そしてシーズンが深まった頃、事件が起こる。2階にある寮長・牛原の部屋のベランダでタバコの吸い殻が見つかった。もちろん、規律に厳しい寮長に喫煙の習慣はない。一つ上の3階、牛原の部屋の真上にいる4年生が投げ捨てたものだった。急遽ミーティングが開かれ、牛原はその当事者を糾弾。最上級生が起こした愚かな行いに情けなさを感じ、涙を流した。

「厳しいことよりも楽をしようとする文化は残っていくもの。そのほうが簡単だから」

これは当時、丹羽が頻繁に繰り返していた言葉である。大学王者から遠ざかっていた、いわゆる〝暗黒時代〟の負の遺産を消し去るのは容易ではなかった。

他校に比べて低レベルだった選手の肉体

ゲームに臨む態度、乱れた私生活の規律。この他にもう一つ、丹羽の頭を悩ませる問題があった。それは選手の体格、身体的能力が他の強豪校と比較して、大きく劣っていたことである。

別表は、2013年度の大学選手権の上位校と、明治が対戦したときの選手の身長・体重を比較したもの。ここからもわかるように、多くのチームに対してFW、BKともに身長・体重で下回っている。特にBKの体重差は顕著で、明治はすべてのゲームにおいて平均体重が70キロ代。早稲田とは5・6キロ、立命館とは7キロ、筑波に至っては12キロ近い体重差があった。

事実、この年の対抗戦の筑波とのゲームでは、福岡堅樹を含めた日本代表2名のBKにいいように

■2013年度シーズン主要大学との身長/体重　平均比較

大学名	大学選手権成績	ポジション	身長 (cm)	体重 (kg)	明治身長 (cm)	明治体重 (kg)	身長差 (cm)	体重差 (kg)
帝京大学	優勝	FW	182.4	102.6	180.5	97.8	−1.9	−4.8
		BK	177.1	81.4	173.3	78.0	−3.8	−3.4
早稲田大学	準優勝	FW	180.4	98.3	179.9	98.3	−0.5	0.0
		BK	173.3	82.1	173.8	76.5	0.5	−5.6
慶応大学	ベスト4	FW	175.6	90.6	178.3	96.6	2.7	6.0
		BK	177.7	82.0	172.4	77.0	−5.3	−5.0
筑波大学	ベスト4	FW	180.5	93.6	181.7	97.6	1.2	4.0
		BK	176.9	85.6	172.2	73.8	−4.7	−11.8
東海大学	セカンドステージ敗退	FW	178.5	98.1	178.8	97.1	0.3	−1.0
		BK	176.0	80.6	173.7	76.7	−2.3	−3.9
立命館大学	セカンドステージ敗退	FW	180.1	100.6	178.4	96.8	−1.7	−3.8
		BK	173.9	81.9	171.9	74.9	−2.0	−7.0

■体格の必須条件

・ＦＷチーム平均　１００ｋｇ以上　体脂肪率２０％以下

・ＢＫチーム平均　　８０ｋｇ以上　体脂肪率１５％以下

走られ、ほとんど抵抗らしい抵抗を見せられないまま10－50という大差で敗れている。

また、体重差で見た場合、FWはそれほど差がないような印象も受けるが、実態は異なる。「体脂肪率が30％台という選手が多くいた」と丹羽が言うように、およそアスリートとは呼べる選手は、明治には少なかった。

このシーズン、4年連続となる大学日本一に輝いた帝京は、大学ラグビー界の先駆けとして計画的な肉体改造に着手。バランスの取れた食事と継続的な筋力トレーニングによって作り出した屈強なフィジカルを武器に、その連覇をのちに9にまで伸ばした。日本代表やトップリーグに限らず、大学レベルでも食事とトレーニングで身体的な強化を図ることは当たり前になっていた時期でもあり、その点でも明治は他校から大きく遅れをとっていた。

ラグビーという肉体的接触を伴う競技にとって、フィジカルは大きくものを言う。明治が黄金期を築いた90年代前半は、まさに〝身体〟でライバルを圧倒していた。その当時、現役のウイングとして活躍していた丹羽は次のように振り返る。

「大きくて走れるのだから、その体格的なアドバンテージを利用して、シンプルなラグビーで勝つことができました。BKも人に強い選手が多いのも特徴だったと思います」

それがおよそ20年の間で、逆転現象を起こしていた。もっと言えば、トップレベルからは大きく引き離されてしまっていた。肉体改造には長い時間を要する。また、ただ大きく、強いだけでは意味がなく、そのポジションに適した機能的な動きも習得しなければならない。

あらゆる面において着手しなければならない課題は多く、それらが眼前に立ちはだかっている状況だったのである。

第2章

改革と成果と模索

——積み上げたもの、積み上げきれなかったもの

「練習通りやれ」を合言葉に勝つ組織へと変革

チームそのものを根本的に変えなければ、明治が再び黄金時代を迎えることはない。そう考えた丹羽は、チームの構造改革に着手。明治大学ラグビー部というクラブを勝つ組織へと変革できるように、その仕組み作りをスタートさせていった。

「悪しき文化の排除」「北島イズム・前への継承」をキーワードに、私生活の改善、組織・スタッフの役割の明確化、強化の柱の確立、目標の具体的設定と意識改革の4つを、チームを復活させるための指針に掲げた。

特に重視したのは、〝組織・スタッフの役割の明確化〟だ。監督就任直後のチームの様子を見て、スタッフ陣やリーダーを中心とする選手たち、そしてマネージャーと、それぞれがまるで個人商店のように、統一されないままバラバラに行動していることが気になっていた。これではチームが同じ方向を向いて進んでいかない。たまたま、一つのシーズンである程度の結果を残せたとしても、継続して成果を出し続けるチームになるのは難しい。

そこで丹羽は、監督、コーチ、キャプテン、寮長、マネージャーなど各役職の目的と役割を文字に起こし、組織図を描いて選手たちに指針を示していった。

「何をしなければいけないかわからない人間に、あれやれこれやれと言っても無理。だからまずは字に起こして、話をしました。いままで何となく感情的に指導されていた部分があったのかもしれませんが、そういうことはしない。みんなが納得したうえで、お互いがわかったうえでチームを強化して、組織を運営していく。

指導するなかで叱ったことは当然ありましたが、それは強化や組織の基準に照らし合わせたうえでのことで、感情的に怒ることはしない。案外いままでは何をしていいかわからない状況で、ただ叱られていたということが多かったと思います。いまどきの選手たちっていうのは説明が重要で、それをしっかりしたうえで、マネージャーの教育を含めてやっていきました」

それは選手たちにも確実に伝わっていった。このとき2年生で、のちにキャプテンを務める中村駿太は当時を次のように振り返る。

「それまでは個人に任せられる部分も多かったんですけど、丹羽さんが監督になって、ある程度のレールを敷いてくれて、そこに選手たちは乗れるようになっていきました」

また、こうした勝つための組織・基盤作りの他に、丹羽は冒頭にも述べたように、次のような5つのミッションを自身にも課した――改めて、ここに書き記す。

①なぜ明治大学を選んだのか、をもう一度選手に考え直させる。

「ラグビーが好きで、歴史あるチームでもっと上手くなりたいと思ったから」ということを再認識させる。

②明治大学ラグビー部に対して「愛と誇り」を取り戻す。

③組織として「絶対裏切らない」人間になるように言い続ける。

④指導者と選手との「信頼関係の構築」を必ず作る。

⑤世の中に評価される組織運営と指導体制を作り、選手が世界で戦えるという大きな目標を持てるチームに絶対改革する。たとえ自分が監督のときに、チャンピオンにならなくても次の体制に右肩上がりでバトンを渡す。

「特に①と②が重要で、それが表現できるようになって初めて日本一に到達できるし、それができないと組織としては絶対に上には行けない。そのためには言い続けるということ。指導者と選手の間に信頼関係があって、お互いに納得感のあるなかで物事を進めることが重要。明治というチームにいながら自己満足で終わったり、負けてよかったなんて思ったりすることは許されないのです」

選手やスタッフにばかり負荷をかけるのではなく、自身にもそれ相応の負担を課す。それはチームの再建を託された新監督の決意表明のようなものかもしれない。これらの使命を遂行するなかで、丹羽は自身の恩師であり、敬愛を込めて「先生」と呼ぶ北島忠治のある言葉を道標としていた。

それが「練習通りやれ」である。

北島の言葉と言えば「前へ」がクローズアップされることが多いが、試合前に選手を集めて訓示を述べる際には、多くのOBが証言するように、この言葉を選手たちに繰り返し伝えていた。丹羽は北島の「練習通りやれ」を以下のように解釈している。

「藤田（剛）さんがキャプテンのときと私たちが4年生の大学選手権1回戦での大阪体育大学戦のときに北島先生から試合前に『今日は勝て』と言われたことはありますが、いろいろ聞いても私のなかではこの2回しか『勝て』と言っていないと思います。先生は本当に『練習通りやれ』としか言わなかったのです。それはつまり、日々のプロセスさえきちんとしていれば負けないということ。

選手を信じてグラウンドに送り出して、観客席でタバコを吸いながら試合を見るというのは、僕のなかでは先生しかいません。先生は観客席に座って、僕はベンチまで降りてという違いはあるかもしれないけど、選手には勝負を諦めさせず、絶対に最後まで自分のプレーをさせる。それが北島イズムだと思っています」

トレーニングも日々の生活も当たり前のことを当たり前にやる。そしてそれが結果につながっていく。時代によって一定の変化が生まれたとしても、ラグビーという厳しい勝負の場においては、絶対の普遍である。そのことを丹羽は現代の選手たちにも伝えたかった。

「いろんな考え方がありますが、先生の考え方はどの時代であっても変わらないと思います。先生がされようとしていたのは、大きく構えて、学生たちの成長を見るということ。いまはみんな失敗したくないから、いろいろ口を出してしまいがちですが、指導者にはそれだけの器というものが必要なんだなと。たとえ結果が悪かったとしても、すべて自分が責任を取る。それくらいの思いが必要なんだと思います」

また丹羽は、選手との信頼関係も重視していた。第1章に記したような事例に問わず、「(選手には)裏切られることはいっぱいあると思う」と覚悟したうえで、「でも自分は裏切らないようにする」という姿勢を貫き続けた。その選手がレギュラーかどうかは関係ない。ペガサスと呼ばれるA、Bチーム、ルビコンと呼ばれるC、Dチーム。いずれのカテゴリーに属している選手に対しても信頼を示すため、5年間の監督生活では、分け隔てなく選手に声をかけ続けた。

食事への意識改革で、肉体改造に取り組む

第1章の表でも説明した通り、丹羽が就任した2013年度シーズンの選手たちの体格は帝京ら強豪校に比べるとラガーマンとしては大きくかけ離れたものだった。丹羽の言葉を借りれば、「体脂肪率30%のFWに、ヒョロヒョロのBK」。ここを克服しなければ、対等に戦うことさえできない。

余計な脂肪を落とし、筋力をアップさせるという体格的な向上を目指すには、日々の筋力トレーニ

ングと食事が重要となる。なかでも、丹羽がメスを入れたのが食事だ。自身が学生だった頃は「マヨネーズとカップラーメンでしのいでいた」と笑うが、そうも言っていられる時代ではない。

栄養バランスや摂取カロリー、一日の食事の回数にいたるまで徹底してマネジメントできる管理栄養士の重要性を感じていた。そこで丹羽は、日本代表やサントリーで同職を歴任してきた山田優香を着任と同時にチームに呼び寄せた。

明治は部員全員が八幡山の寮に住み、基本的にはオフとなる月曜日を除いて必ず3食が提供されている。食事に関しては他校にもひけを取らないほど、かなり恵まれた環境にあるが、山田は選手の意識に問題を感じていた。

「選手と個人面談をしたとき、身長の高いBKの選手が『僕、バスケットボールの選手と間違えられるんですよ』とか、細身の選手が『サッカー選手に思われることがあるんですよね』と話していて、そんなことを笑って言っている場合じゃないだろう。『あなたたちは試合に出たいのか』『本気で勝ちたいのか？　どうしていきたいの？』と。そういうところから意識改革をしていかなきゃいけない状況でしたね」

もちろん選手は勝ちたいという思いを持っている。しかし、何となく現状に甘んじてやり切れていない。それが現代ラグビーの強化においては当たり前になっている食事にも表れていた。

そこで山田は就任早々に、現在でも慣例となっている食事と栄養に関するセミナーを部内で開催。

体格の向上を目指すにあたって必要な摂取カロリーや栄養素、食事やサプリメント摂取の適切なタイミングなどを丁寧に説明していった。

「意識の変化が表れるのは早かったです。ただ、セミナーの効果は1ヵ月を境にどんどん落ちていき、継続できる人もいますが、3ヵ月程度で効果がほぼ薄れます。そこで、セミナー後すぐにコーチに10人の選手をピックアップして頂き、簡易の食事調査を実施しました。その結果を一人ひとりに面談をしながらフィードバックしていったのですが、一部の選手だけではなくすべての選手とコミュニケーションを取ったほうが良いと判断し、全選手と面談を行うことにしました」

部員は全員でおよそ100名。一人あたり30～60分という時間をかけて、選手それぞれの食事の問題点を洗いざらい指摘し、各個人に合った食事の量など改善点を示していった。大変に骨の折れる作業で、4月にスタートした個人面談は最終的に6月までかかったという。

そうして、いくつかの問題点が見つかった。

2年かけて作り上げた選手ファーストの寮メシ

まず、一つ目の問題として挙がったのが、選手が寮で提供されている食事をきちんと食べないという点だった。

食堂に掲示されているメニュー表を見て、好みではないものが出されていたら外食をする。山田が提示した、ご飯○○グラムなどの食事量を守らない。朝練後に朝食を摂ったあと、昼寝をして昼食を食べに来ないなどの問題も散見された。

「まずは三食、食べるというところからのスタートでしたね。せっかく食事が用意されているのですから、しっかり食べようよと」

問題があったのは選手の意識だけではない。食堂で提供されるメニューにも十分に改善の余地があった。この当時、昼食で出されていた主なメニューは麺類とおにぎりという炭水化物を中心とした組み合わせ。筋肉量を増やすには欠かせないタンパク質の摂取量が大きく欠けていた。丹羽によれば、そのせいもあって、就任1年目のプロテイン摂取量が過剰になり、事前の年間予算で1年分を用意していた量が夏には底をついてしまったという。

山田は寮の管理者や調理師に掛け合い、「おにぎりは大変ですから、普通のご飯を出してくればよいので、その分、タンパク質が摂れるおかずをもう一品作ってください」と必死に頼み込んだ。そして現在では、ご飯とタンパク質系のおかず、ビタミン類など豊富な栄養素が摂れるサラダといった、非常にバランスの取れたメニューが昼食でも提供されるようになっている。

翌2014年には、夕食の改善にも着手した。

選手は20歳前後と若く、実際にメニューを組み立てる調理師との間にはジェネレーションギャップがあるため、必ずしも食事の好みは一致しない。それが選手の欠食の大きな原因となっていて、特に毎週水曜に提供される中華系のメニューにおいて顕著だった。

こうした問題に限らず、監督の丹羽を含めて、食事を統括する寮の管理者らと話し合いの場を持ったが、なかなか解決に至らない。予算や調理の手間、人員などを理由に提案が拒否されることも少なくなかった。

そこで山田は、この問題を解決するために、選手に寮食のアンケート調査を実施。一週間分のメニューに対して、選手に「おいしい」「イマイチ」のシールを貼ってもらい、それを調理サイドに提示した。結果は案の定、水曜の中華系のメニューに「イマイチ」の票が集まっていた。

「『選手から中華系のメニューは人気がないんです』と言っても、どれだけ食べないのかわからないので、選手からのアンケート結果も提示しながら改善して頂きました。実際に私も食べたことがあるのですが、決しておいしくないわけではないんです。味が濃いめなので、量が多いと飽きてしまう。だから、『中華系の主菜は7割くらいの量にし、焼き魚や冷やっこなどのメニューと組み合わせると、すごく食べやすくなると思います』と提案したら、選手はしっかり食べるようになりました。このときの調理師の方がすごく頑張ってくれましたし、出し方の工夫をしたことで、いい方向に向かっていきました」

その後も山田の食事に対する改革は続いていく。選手に飽きを感じさせないように、1週間でローテーションさせていたメニューのサイクルを1ヵ月に変え、季節やイベントごとの特別なメニューも提供するようになった。また明治は、朝のトレーニングがメインとなるため、その直後にしっかりと栄養補給できるように、朝食の量やメニューの数を増やしていった。

こうして多くの問題がクリアになり、軌道に乗り始めたのが就任から3年目の2015年度。山田を中心に、丸2年の時間を要して、選手の意識や環境など食事に関する問題を解決していった。

選手自身もその効果を実感している。2014年度に入部し、4年生のときにはキャプテンを務めた古川満は「食事が選手ファーストになった」と、その変化を口にする。

「1年生（2014年）のときは正直、味がよくなく、外食する人もいました。山田さんがいろいろとリクエストを聞いてくれて、選手のことを考えたメニュー、味、タイミングで食事が出るようになりました」

この成果には監督である丹羽も強い手応えを感じたという。

「食事はもちろん、睡眠時間などの生活サイクルを含めて段階的にやっていくことで、選手一人ひとりが確実に強くなっていきました。身体が大きくて走れるという、多くの人から望まれるラグビーができるようになりましたね」

トレーニングのモチベーションを向上させる環境作り

肉体改造に向けた環境の改善という点では、丹羽は食事ばかりでなく、施設の充実も図っていった。特に力を入れなければならなかったのは、ウエイトトレーニング場の部分的な改修と、グラウンドの照明設備の設置である。

現在も使用しているウエイトトレーニング場は30年以上も前に建てられたもので、内部はかなり老朽化が進み、器具やマシンも十分に揃っているとはとても言えない。ウエイトトレーニングは肉体の向上を図るには必須であり、他のトップレベルのチームと比較した場合、この点でも当時の明治は大きく遅れをとっていた。

「帝京など他の強豪校は大きな素晴らしい設備のなかで、日々、練習を行っています。それらと比較すると本当に驚くほど遅れをとっていました」

この点は管理栄養士の山田も同じ思いを抱いていた。

「体脂肪率が高い選手たちに、エアロバイクで有酸素運動を取り入れて体脂肪を落とすように指示を出しても、そのエアロバイク自体が1台しかなく、100人近い部員に対してはまるで足りていませんでした。特に栄養セミナーを行ったあとは、選手もモチベーションが高まってエアロバイクを漕ごうとするのですが、1台しかないから取り合いになってしまう。そういった環境という意味でも、日本一のレベルまではほど遠い状態でしたね」

そのために丹羽はできる範囲で、限られた予算のなかから少しずつ設備を整えていった。選手がモチベーション高く筋力トレーニングに臨めるように、室内の照明を明るいものに変え、空調設備を整えた。またエアロバイクの台数も徐々に増やし、現在ではマシンの数が6台にまで増えている。

グラウンドの照明設備に関しては、2017年に完成。

「基本的には朝の練習でのスケジュールを組み立てていますが、シーズン中はコンディションを考慮して日中の時間で練習を行うように選手が授業と調整をしながら行うようにしています。その際に夕方近くになった場合、練習のストレスにならないように設置をしました。個人練習での使用も含めて制限されている環境のなかで少しでも練習できる環境を作るために設置しました」(丹羽)

丹羽が大学側に数年に渡って掛け合うことで許可を取り、部内の一部の予算と、「強くなってほしい」という多くのOBや校友の方々の寄付によって設置に至った。これにより、夜間の練習や冬場の早朝トレーニングにも大きな支障がなくなった。その他、現在のスポーツ界では主流となっている、ドローンとGPS機能を使ったあらゆる数値の測定、分析も導入。それらを常に選手にフィードバックすることで、選手のトレーニングに対するモチベーションは大きく向上した。

チームを強化するためには一体、何が必要なのか――。スタッフ陣が考え抜き、選手ファーストで実際に行動することで、食事や施設の充実など環境面の改善が少しずつ図られていったのである。

少しずつ戦えるチームになってきた

スタッフの刷新、組織の抜本的な変革、環境面向上の過渡期。状況が一変するなか、丹羽体制1年目の2013年度のチームは、対抗戦の後半から徐々にではあるが、調子を上げていく。11月3日の慶應戦は18－24で接戦を落としたものの、前半は15－7とリードして終えた。続く帝京とのゲームでは後半に追い上げを見せ、大学選手権4連覇中の王者を少しばかり慌てさせた。

この要因は、私生活の規律が少しずつ浸透していったことにあると丹羽は振り返る。

「いいものはいい。悪いものは悪い。そういう理解が段々と高まっていった時期でした。たとえ実力があっても、私生活で規律を守れない選手は試合に使わない。そこは自分のなかで絶対にブレないようにしていました。それまでが〝ぬるい〟体質のチームだったから仕方のない面はあるにせよ、そういう状況のなかでも少しずつではありますが、いい方向に向かう選手が増えていきました」

明治でラグビーに真剣に取り組みたい、試合に勝ちたい――。こうしたシンプルな思いを持つ選手の増加が、チームのベクトルを良い方向へと向かわせていった。特に当時2年生だった中村駿太や田村熙など、それまで陽の目を浴びていなかった下級生たちも実力を発揮し始め、強豪相手にも一定のパフォーマンスを見せられるようになったのである。

そして迎えた早稲田との伝統の一戦。旧国立競技場で行われる最後の明早戦で、明治はこのシーズンにおけるベストゲームを展開した。なかでも際立ったのがブレイクダウンでのフィジカルファイト。たびたびのターンオーバーで早稲田から何度もボールを奪い返した。最終的には3－15というスコアで一歩及ばなかったものの、春には60点差をつけられた相手に大健闘を見せ、会場に集まった4万6961人の大観衆の心をつかんだ。

「選手に常々言っていたのは、勝負事だから勝ち負けは結果として出るけれど、負けるにしても負け方があるだろうということ。必死に戦っていれば、それは観ている人に伝わるし、そういうチームにならないと明治はいつまで経っても強いチームにはならない。明治は国内のすべてのチームのなかで一番ファンが多いし、その期待に応えるためにもキツいところでも頑張らないといけない。そういうことが徐々にできるようになってきたとは思いますね」（丹羽）

このゲームにヒザの負傷を押して出場したキャプテンの圓生も、「明治に入ったからには、早稲田を倒す。どうしても勝ちたいとみんなの気持ちに火がついた」と熱戦を振り返る。

「あのときは練習の雰囲気もすごく良くて、割とノリやすい奴らが揃っていたのもあって、いい感じで乗っていけました。グラウンドに出た瞬間に鳥肌が立ちましたし、ゾーンに入ったみたいに疲れを感じなかったし、膝の調子も気にならなかった。何をやっても湧く会場というのは初めてだったし、何か爪痕を残してやろうみたいに張り切ってプレーできました」

その勢いのまま大学選手権へと突入した明治は、東海を27－26、慶應を20－19と立て続けに1点差で撃破。3年ぶりとなる年越しへリーチをかけた状況で、花園で行われる立命館とのセカンドステージ最終戦に挑んだ。相手の立命館はこの時点で2敗。既に準決勝進出の望みは絶たれており、いつも通りの状態でゲームに臨めば問題はない。しかし、この少しの隙が、運命を暗転させることになる。

「（準決勝に）なんとなく行けるんじゃないのかというフワフワとした感じがあった」と丹羽が振り返るように、チームには緊張感が欠けていた。実際、この日のゲームでは数名の選手が遅刻という失態を犯している。

「東海、慶応とヤマ場になる試合を2つ越えてしまったことが大きかったのかなと。立命館はその時点で2敗はしていたけど、力的には庭井（祐輔・現キヤノン）などいい選手がたくさんいて侮れなかった。そこで僕自身がもう一歩、勝負に対するこだわりのようなものを試合前に植えつけてやれていれば……」

丹羽がそう悔やむように、明治は前半から相手にペースを握られ、後手に回るゲーム展開を強いられる。また、トライのグラウンディングに対する不運なジャッジもあり、10－12とまさかの敗戦。最終的には同じ勝敗ながら慶應に得失点差で上回られ、目標とする正月越えはならなかった。

「そんなに簡単じゃないということを思い知らされたのと、勝つか負けるかに対する〝際〟の部分に、

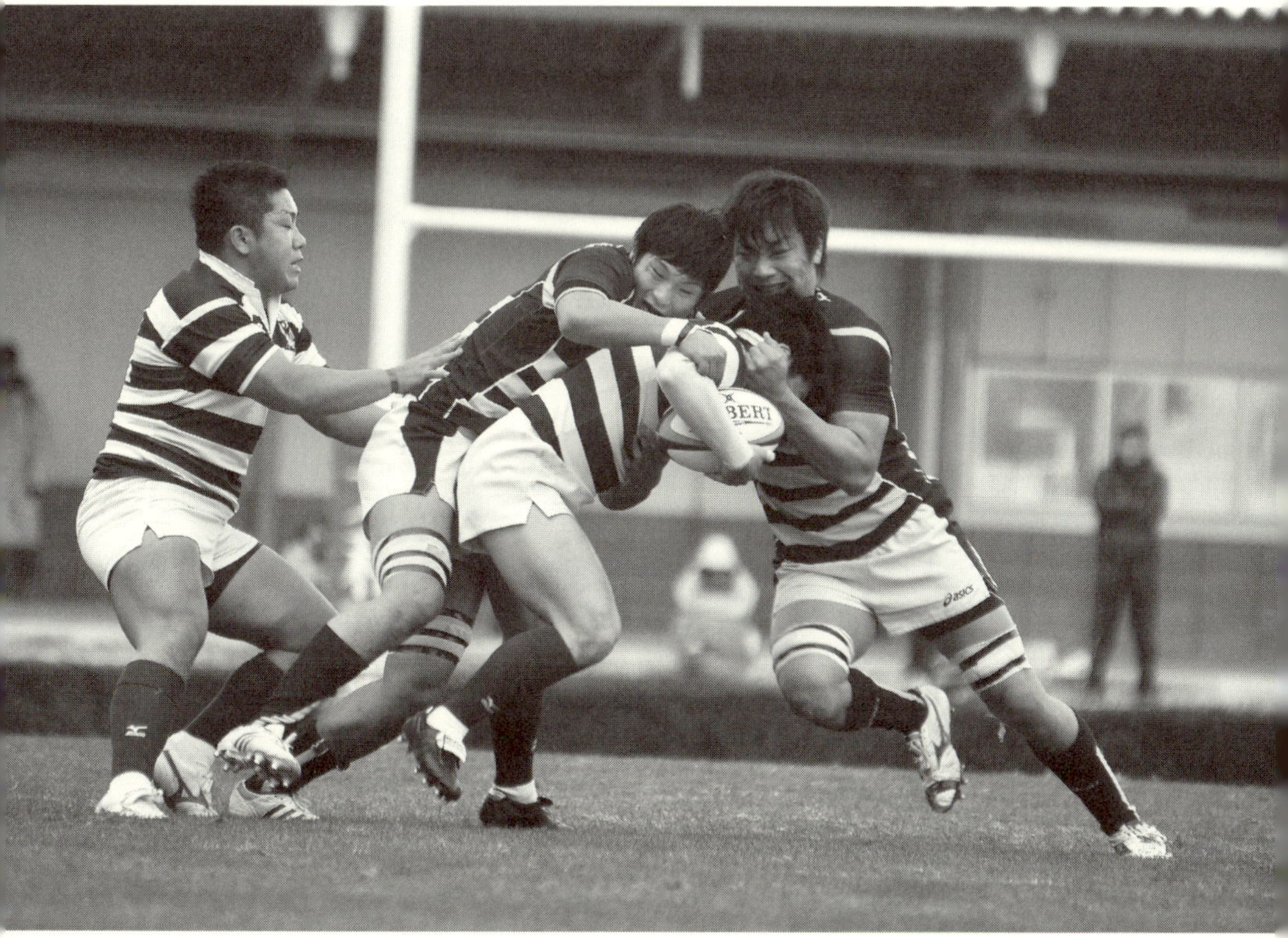

自分自身の監督としての力量のなさを痛感しました。もし、このゲームを乗り越えていたら、それ以降の代でもっと変われたのかもしれません」（丹羽）

新体制に変わり、その戸惑いと混沌が徐々に整理されていったシーズン。「いいも悪いも、その年のすべてが表れたゲーム」と指揮官が振り返る最終戦を経て、チームは丹羽体制2年目を迎えることとなった。

コンディショニングの難しさ

就任2年目となった2014年度のシーズン。前年の反省を踏まえて丹羽は、「選手がより主体性を持ったチーム作り」を目標に掲げ、リーダー制を導入した。キャプテンの勝木来幸を軸に、大椙慎也と平井信幸がFWリーダーを務め、BKリーダーには長石倉豪、水野拓人、村井佑太朗の3名が就任した。このリーダー陣を中心としたチーム作りの意図を丹羽は次のように説明する。

「結局ラグビーをするのは選手たち。僕がすべてを言っていたら、ただ命令を聞くだけの人間になってしまうわけで、それでは社会に出ても通用しません。大きなフレームは僕と（ヘッドコーチの）小村（淳）で作って、細かい部分はリーダー陣が考えて、それを選手間に落とすという仕組み。決められた枠組みのなかで、選手たちがああしよう、こうしようと決めていっていたので、少しずつ本音で話すことができるようになっていったと思います」

実際、リーダー陣のミーティングは週1回のペースで行われ、細かい戦術やチーム全体の雰囲気作りなどを議題に話し合われた。ミーティング後は勝木が丹羽のもとを訪れ、状況に応じて報告や相談を行う。前年は、キャプテンの圓生が個人の考えや悩みを伝えることがほとんどで、その状況から比較しても、〝選手主体のチーム作り〟はある程度、順調に進んでいった。

もう一点重視していたのが、チームに〝勝ち癖〟をつけることだった。前年は春季大会で思うように白星を挙げられず、そのことがチーム内の自信の構築を遅らせた。そこで2014年度は秋のシーズン本番を見据え、その準備段階となる春のゲームからPGを積極的に狙うなど勝利に徹底的にこだわった。その甲斐もあって春季大会はBグループながら全勝優勝。招待試合も帝京には敗れたものの、早稲田と慶應からは見事に勝利をもぎ取った。

対抗戦が開幕すると、慶應戦まで5連勝をマークするなど明治は好調を維持した。しかし、勝負どころの帝京戦、早稲田戦に連敗したことでチームには暗雲が立ち込み始める。シーズン終盤になって主力選手に負傷者が続出し、ベストメンバーを組めなくなった。そのせいもあってトレーニングの強度は自然と下がり、強豪校を相手にした際、思うように力を発揮できなくなっていった。

キャプテンの勝木は、当時のことを次のように振り返る。

「春から勝ちにこだわるシーズンを送ってきて、いま考えると、ピークを早くに持って来すぎたと思

MIZUNO
MIZUNO

います。練習の強度に関してもケガ人が多かったのでなんとも言えませんが、神戸製鋼に入って、シーズンが深まった時期でも当たり前にフルコンタクトのトレーニングをしているので、そこはもっと違うやり方があったのかもしれません」

メンバーやチーム内のコンディションが整わないまま迎えた大学選手権セカンドステージ。最終戦の筑波とのゲームにいいところなく敗れ、またも正月越えを果たすことなく、シーズン終了のホイッスルが吹かれた。

勝木は八幡山の寮に戻ると、チームをいい方向へと導けなかった不甲斐なさから、一人ミーティンググルームにこもり涙を流した。また丹羽によれば、試合終了後には4年生よりも3年生に泣いている選手が多かったという。

「(スタンドオフで先発出場した田村)煕も実はケガがあって、試合に出られる状態ではありませんでした。『でも僕が出ないとゲームにならないと思うから出ます』と言って。ほとんど走れない状態だったのに出たんです」

翌年キャプテンに就任する中村駿太も「思い入れのある4年生を勝たせてあげられなかった」と唇を噛んだ。

来季は、チームに対してこれだけの強い思いを持つ選手たちが最上級生となる。チーム全体のコンディショニングやピーキング、戦い方の整理など、このシーズンで露わになった課題を解決すべく、丹羽はスタッフの増員を決断。阮申騎、山品博嗣というトップリーグでも実績十分の明治OBをそれぞれFWコーチ、チームアドバイザーとしてチームに迎え入れた。

「僕のなかでは、この敗戦をプラスに変えて、次の代に持っていかなきゃいけないと強く思いました」

同じ轍は踏まない――。あまりにも悔しい終焉に、指揮官はそう強く決意して、チームは新たなシーズンへと入っていった。

4年生全員が同じ方向を向いて進めた中村組

2015年、中村組のシーズンが始まった。この代の最上級生の特徴は、中村が「自分たちで考えてやれるメンバーが多かった」と言うように、チームの勝利のために考えようとする意思、意欲を持っていたことだ。高校時代からアンダー世代の日本代表でともに戦ってきた選手も多く、また能力に秀でたプレーヤーも揃っていた。明治の文化であるスクラム、セットピース、ブレイクダウンで相手を上回り、タレントがひしめくBKにクリーンボールを供給する。そのうえでラグビーのスタイルそのものを変革させようと目論んでいた。

「いままでのラグビーはシェイプで、自陣から順目、順目にボールを運んでいくスタイルですが、それをすると、相手ゴール前に行ったときには疲れてしまっている。そこを解決するために、敵陣10メートルまではポッドでアタックして、敵陣に入ってから順目でアタックすれば、このチームはもっとうまくいくのでは」と、中村を中心とするリーダー陣は考えた。

「こういうラグビーがやりたい」とコーチ陣に順番に話していくなかで、ヘッドコーチの小村には最後にぶつけるつもりだったが、それがひょんなことから小村の耳に入ってしまい、「選手が勝手なことをやろうとしている」と感じたヘッドコーチの怒りを買った。その結果、中村と小村は2週間ほど口をきかない時期が続いたというが、最後は丹羽が間に入ることで解決へと向かっていく。

「ラグビーに限りませんが、こうじゃなきゃいけないっていうものはない。それを彼らが自分たちなりに考えて、お互いにすり合わせていく。だから小村のイメージと合わなければ、ぶつかることもあるだろうし、でもそうやって議論していくことが選手の成長へとつながるんだと思います。そのなかで僕が調整役というか、言うべき部分も出てくる。やはり選手もきちんと理解したうえで、お互いに納得感を持って、チームを良くしていくことが大事。そういう意味ではいい一歩だったと思います」

のちに丹羽がこう振り返るように、選手とスタッフ陣の距離はこの出来事を境に急速に縮まっていく。その後リーダーである中村は、疑問点や相談事があるたびに、何度も監督室やコーチ陣の部屋の扉をノックした。この良好な関係性はシーズンの最後まで続いていったという。

また最上級生の4年生がまとまっていたのも、中村組の特色の一つだった。ほとんど毎日のようにリーダー陣が集まり、ミーティングを繰り返した。問題があれば解決の糸口をつかむまで徹底的に話し合い、時計の針が深夜12時を回ることも少なくなかった。「問題点から目を背けない」。これが、中村がキャプテンに就任するにあたって決意したことだった。

こうしたなかで中村が苦慮したのが、部内でC・Dチームである〝ルビコン〟のモチベーション維持だ。「レギュラーでの出場が難しい」「上のチームになかなか上がれない」。そう感じ始めた選手は、どうしてもチームから気持ちが離れていってしまう。学生スポーツは最上級生の態度、意思がチームに大きく影響するため、4年生が勝利のために必死に頑張っていれば、それが下級生に伝わり、チームはうまく循環していく。しかし、逆の現象が起これば、待っているのは崩壊という結末だ。

そのために、中村はルビコンにいる4年生たちと週に1回のペースで話し合いの場を持ち、フォーカスするポイントや絶対にやらなければいけないことを伝えた。なかでも、ウイングの村岡誠一郎やセンターの三原智幸らがリーダーとなってルビコンを引っ張り、チーム全体で戦っていくことが徹底されていった。また、村岡や三原は全体練習後もグラウンドに残り、個人練習を欠かさなかった。上のチームでプレーするために必死に努力を続ける姿は下級生の模範となり、チーム全体に自覚が生まれていった。

こうした4年生の個人練習に頻繁に付き合っていたという丹羽は、それこそがチームの成長だと断言する。

「全員が同じ方向を向くのは難しいこと。目標を見失う選手も出てくるし、ましてや明治に来るのは

第2章 改革と成果と模索―積み上げたもの、積み上げきれなかったもの

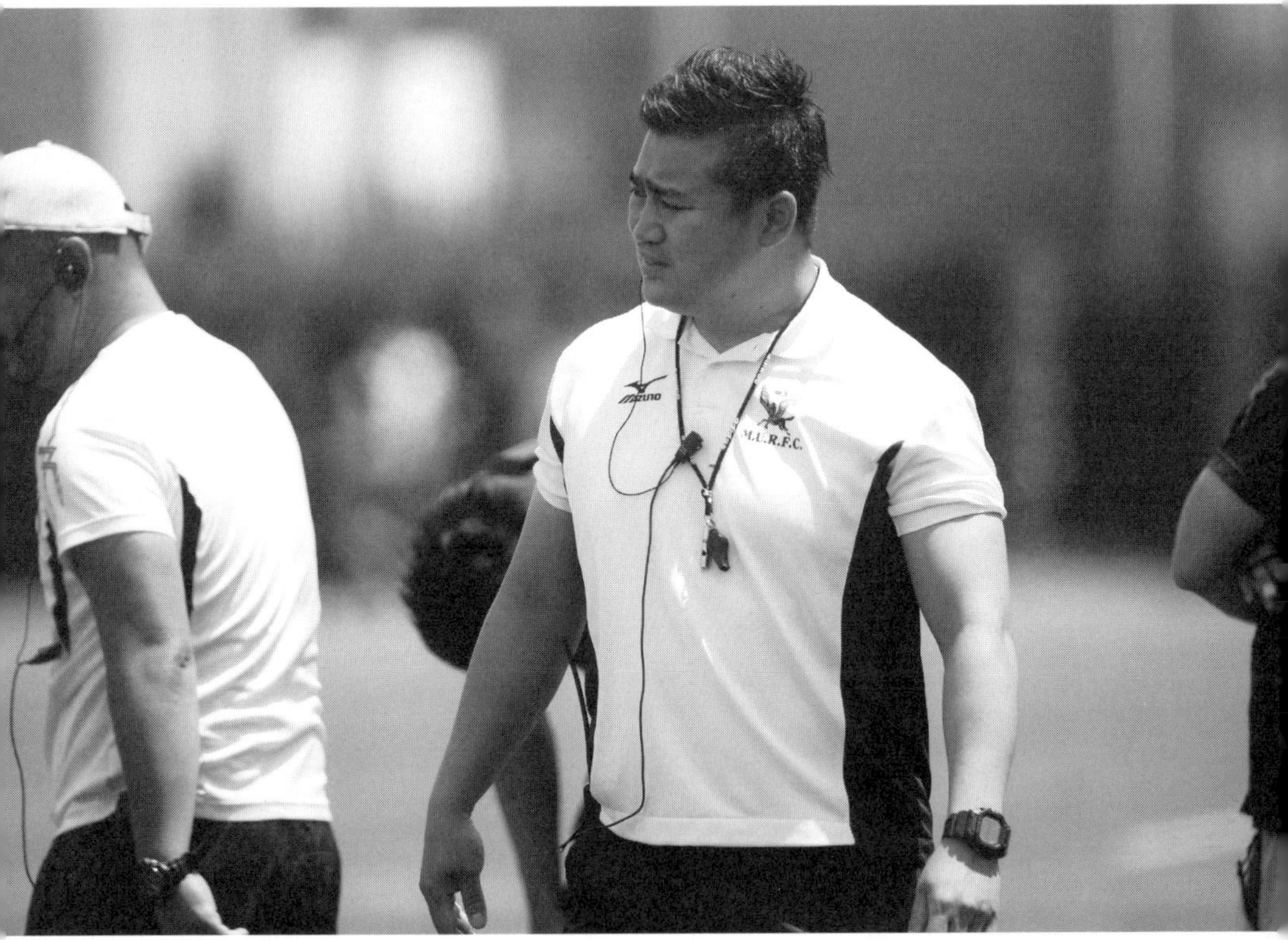

高校時代にトップクラスだった選手が多いから、そこで目標を見失ってしまうわけです。でも、明治でラグビーをやると決めたのは自分自身。そうやって明治に入ったわけだから、しっかりと決断して4年間ラグビーを全うするということが一番大事なんです」

自分で決めたことを誰のせいにもせず、試合に出られないときにどうするか、優勝するためにはどうするかを考えながら、必死に取り組む。強いチームになるための下地ができ始めていった。

FWコーチ阮とチームアドバイザー山品の存在感

前年にうまくいかなかったピーキング、そしてフィジカル強化の成果が表れ始めたのも、このシーズンだった。

フィジカルの向上、特にブレイクダウンにおけるレベルアップには、この年からFWコーチとして入閣した阮の存在が大きい。阮はラグビーの勝敗を大きく左右するコンタクトの部分にフォーカスして指導にあたった。丹羽も阮のチームにおける存在感を改めて評価する。

「いい影響を与えてくれたと思います。彼はそもそも明治が大好きだし、明治はコンタクトプレーの部分でトップにいなきゃいけないという思いで学生たちを指導してくれました。選手も彼についていこうという気持ちでいたし、そういう意味でもスタッフに対する選手の信頼感を一気に高めてくれたのかなと思います」

キャプテンの中村も「阮さんが指導してくれたのは、明治にいままで一番欠けていた部分だった」と断言する。〝タックルをする〟〝身体を当てる〟〝規律を守る〟といったチームの勝利に欠かせない要素、その根本となる〝態度〟の部分に厳しく言及しながら、トレーニングで選手たちを鼓舞していった。明治の練習は朝6時台からの早朝練習が主体。特に冬場になれば、身体的には相当にきつい。それでも、チームのためにという思いで早朝からスイッチを入れ、激しく練習に取り組むことを強調した。

こうした普段からの強度の高い練習に加え、食事や日常の筋力トレーニングの成果もあり、選手たちの肉体は他の強豪校とひけを取らないレベルにまで上がっていった。定期的な体組成の検査でも、多くの選手が体重の増加と体脂肪の減少を記録。これは、身体全体の筋量が増したことを意味する。目に見えてわかる数値の向上は選手たちのモチベーションをさらに高め、フィジカルファイトでも簡単に負けないチームへと変貌を遂げていったのである。

また、前年に失敗したピーキングにも着手。トップリーグでも十分な指導実績を持つ、チームアドバイザーの山品を含めてスタッフ陣で議論を重ね、シーズンが佳境に入っても練習の強度を落とさないことを決定。強豪校との対戦が増える11月以降も、身体を激しくぶつけ合うフルコンタクトのトレーニングを継続的に重ねていった。何より選手サイドが「それをやらないと気持ちが悪い」(中村)と思うようになるほど、〝強度〟〝激しく〟というキーワードがチームに染みついていったのである。

その成果が如実に表れたのが、対抗戦における王者・帝京との大一番だった。ともに、その時点で5戦全勝。優勝争いのうえでも重要な一戦で明治は躍動した。フィジカルファイトでは互角に渡り合い、戦略の面でも賢く戦った。帝京とのゲームにおける重要なファクターは、相手の土俵に乗らないことだったと丹羽は明かす。

「帝京のディフェンスシステムは基本的に、後ろを3枚で守る形です。それに対して、ただ単純に蹴ってしまうと相手ボールになり、向こうが作りたいアンストラクチャーの状況になるので、ボールをできる限りキープして、外のスペースに運ぶことを基本としました。ボールを振って外のスペースを利用し、裏にスペースができたら蹴る。そこを（スタンドオフの堀米）航平と（フルバックの田村）熙に調整してもらおうと。あとはブレイクダウンで絶対に負けないことも大事でした」

キャプテンの中村も、王者攻略に強い自信を持っていた。

「春に戦ったときはモールを押して、スクラムもしっかりと組めた。これはブレイクダウンをしっかりやって、セットピースを取りきれば、負けることはないと思っていました」

その言葉通り、13－21という接近したスコアで迎えた後半に、明治は驚異的な追い上げを見せる。祝原涼介、中村、田村がトライを奪い、残り約10分の時点で32－35の3点差まで迫った。勝利の機運が高まったが、しかし、ここから帝京が本領を発揮していく。明治のちょっとしたミスや不運に付け込む形で2つのトライを重ね、最終スコアは32－49。チャンピオンチームを乗り越えることはできなかった。
「やっぱり抜けるタイミングというか、最初と最後の集中力の差。そこさえ乗り切れれば……」（丹羽）
中村は「いままで負けていたブレイクダウンやセットピースで勝っていたところもあったので、ポジティブに捉えられるゲームでもありました」と前を向き、大学選手権でのリベンジを誓った。

18年ぶりの正月越え、それでも遠い決勝の舞台

続く早稲田戦で勝利を収めた明治。帝京が筑波に敗れたため、帝京と6勝1敗で並び、3シーズンぶりとなる対抗戦同時優勝を飾る。その勢いはとどまらず、大学選手権セカンドステージでも京都産業、流通経済、立命館をいずれも圧倒。破竹の3連勝で2010年度以来となる準決勝進出、正月越えを果たした。

準決勝の舞台は2016年1月2日、秩父宮ラグビー場。関東リーグ王者の東海を相手に決勝進出を懸けて戦った。しかし開始早々、明治はアクシデントに見舞われる。前半5分、センターライン付近からおよそ50メートルのビッグゲインを見せたフルバックの田村が、ゴールライン直前でタックルを受けた際に負傷。人生初という肉離れを右太もも裏に起こし、ピッチから去らざるを得なくなったのである。このビッグプレーに象徴されるように、田村はこのチームにおける不動のエース。明治は

開始早々に大きな柱を失うことになった。

「チームの安心感というか、(田村)煕がいることによって、いい意味でも悪い意味でも安心する部分がありました。もちろん彼一人に頼ったチーム作りをしてきたわけでありませんが、決断をするプレーが多い選手だっただけに痛いと言えば痛かった」(丹羽)

退場する田村から「あとは頼む」と託された中村は、次のように述懐する。

「もとはと言えば、スタッフも僕も煕がいない状況をシミュレーションしていませんでした。ケガは絶対にあることで、その想定をしていなかったことが悔やまれます」

それでも残された選手は懸命に戦った。田村に代わって入った齊藤剛希、ウイングからフルバックにポジションを移した成田秀平らが躍動し、19－7とゲームの主導権を握って前半を折り返す。しかし、このリードが選手の心に隙を生んでしまったと、丹羽は後悔する。

「前半は必死になって戦っていましたが、後半になってもしばらくはリードできている状況で、いつの間にか『いける』という気持ちが出てきて、〝勝ち〟を過剰に意識するようになりました。普段のハーフタイムはヘッドコーチと選手に任せて何も言わないんだけど、僕がもう少し気の利いたこと言ってやれていれば」

勝利を過剰に意識し、危険を避け、不必要なキックなど楽なプレーに走り始める選手たち。そうするうちに余計なペナルティを重ね、いつの間にか東海ペースとなり、逆転を許した。決勝で帝京にリベンジを果たして、大学チャンピオンになる——その目標は、年明け間もない1月2日に潰えた。

「優勝するというハードルの前に、決勝に行くというところで、想定しているレベルまでもっていけませんでした。人材は揃っていたし、決勝まで行けたら優勝していたかもしれません。よく（田中）澄憲とも話すのですが、あの代はもったいなかったなと。最後のところで、チャンピオンチームになるための新たな課題を越えられませんでした」

着実に成果を残しながらも、未経験な領域で新たなカベにぶつかった明治。ここでも〝踏ん張りどころで踏ん張れきれず〟、勝負どころで勝ちきれなかった。翌シーズンに再度、大学王者への返り咲きへチャレンジすることとなった。

明治の良さであるセットプレー、セットピースが出せず

前年はベスト4。およそ20年遠ざかっている大学日本一を射程圏に捉え始めた明治にとって、2016年は重要なシーズンとなった。しかし、FW陣のフロントファイブが総入れ替えになったこともあり、またも同じ失敗が繰り返されることになる。

対抗戦の慶應との一戦、0－22という絶体絶命の状況から大逆転勝利を演じたのをピークにチームは下降線をたどっていく。大きな原因の一つとなったのが、トレーニング強度の低下。S&C（スト

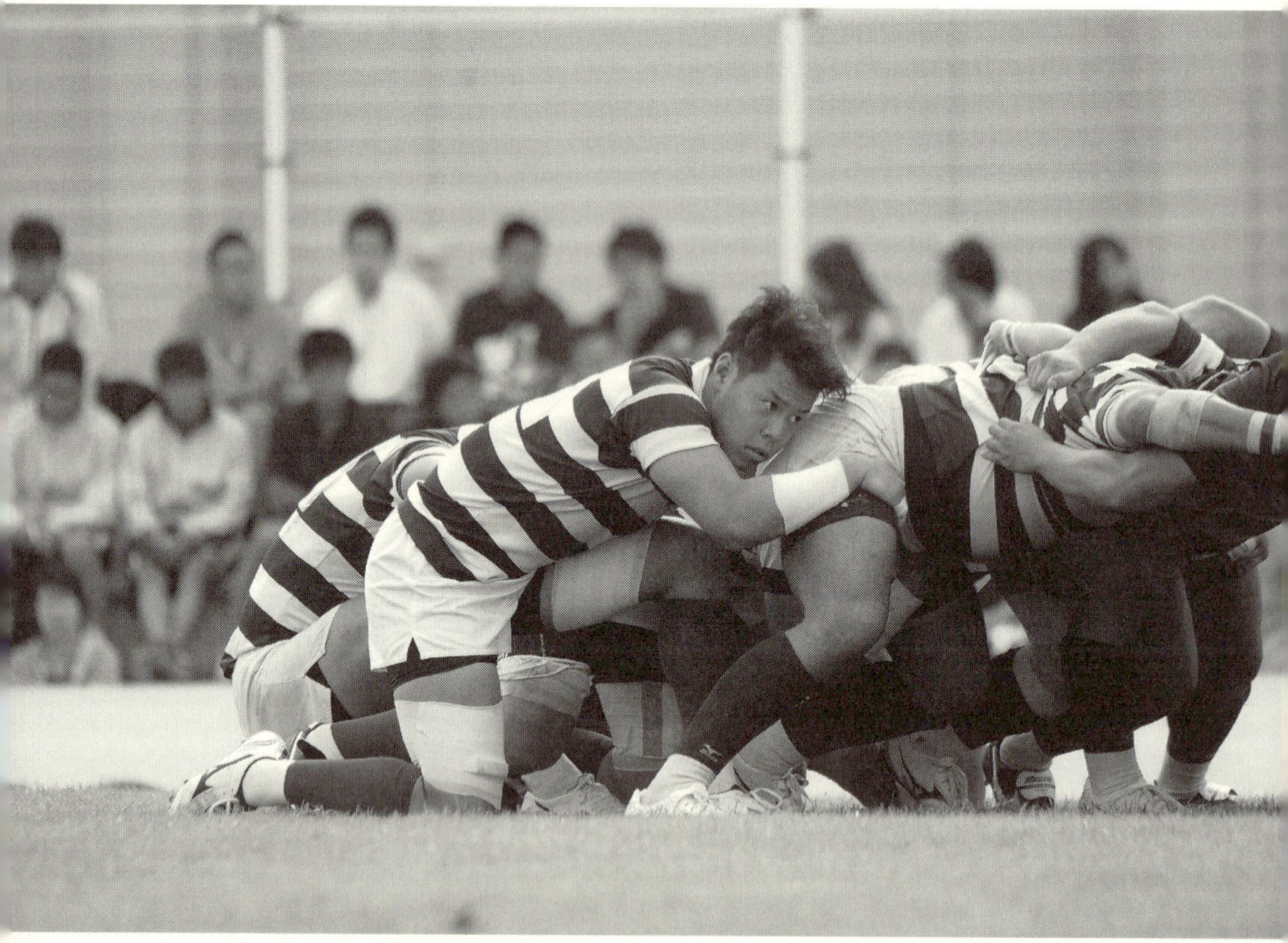

レングス&コンディショニング）コーチがシーズン途中で不在になるという不運もあり、日常的な筋力トレーニングも含めて、日々の練習におけるインテンシティは徐々に下がっていった。

この年、キャプテンを務めた桶谷宗汰は、「対抗戦の場合、慶應、帝京、早稲田との試合にピーキングを合わせるのですが、その段階でかなりの疲労が溜まり、正直、身体がきつい状態でした」と、コンディショニングに問題があったことを正直に打ち明ける。

それ以上に課題となったのが、チームとしての明確な武器をシーズンを通して作れなかったことにある。その最たる例がスクラムだった。

明早戦では後半8分に自陣ゴール前で2度のコラプシングを重ね、ペナルティトライを献上。終盤には判断ミスも重なって手痛い黒星を喫した。

続く大学選手権初戦の京都産業とのゲームでも、序盤からスクラムでペナルティを重ね、修正が利かないまま敗戦。正月越えさえ果たせないまま、２０１6年のシーズンは終焉を迎えた。

桶谷によれば、「明治はセットプレー、セットピースから勝つチーム。セットプレーに関しては、これまでで一番と言えるくらいしっかりやってきたシーズン」だったが、それが本番の勝負どころでは機能しなかった。翌年、キャプテンに就任する古川満はその原因を「できていないことが多い分、それを量でカバーしようという感じで、練習量をこなすだけで満足してしまっていた」と分析する。

こだわっているようでこだわりきれなかったツケが、大学選手権初戦敗退という結果を招いてしまった。

一方、明治を破った京都産業のほうこそ、一日数時間にもおよぶ徹底したトレーニングで、スクラムやモールを強化してきたチームだった。ヘッドコーチである元木由記雄は、明治に対する戦略を次のように明かす。

「どう考えても力的には明治のほうが上で、ボールを動かされたらゲームが難しくなります。だから、自分たちの武器であるスクラムとモールで明治の強みを消していこうという作戦でした」

こだわりを武器にできた京都産業と、できなかった明治。明暗がはっきりと分かれたゲームを終え、明治にとっては次のシーズン以降の課題がはっきりと浮き彫りになった。

第3章

継承と結実

——新たな時代へ

丹羽が決めていた後継者・田中ヘッドコーチを招聘

正月越えからの大学選手権初戦敗退。まるでジェットコースターで落ちるかのような成績の急降下を経ての2017年度シーズン。監督就任5年目を迎えた丹羽は、新たな決断をくだした。監督を務めるにあたって自身に課した5つのミッションのうちの一つ、「たとえ自分が監督のときにチャンピオンにならなくても、次の体制に右肩上がりでバトンを渡す」を実現するために、後任人事へと着手した。そこで白羽の矢が立てられたのが、当時サントリーサンゴリアスでチームディレクターを務めていた田中澄憲だった。

明治OBでもある田中は、3年生のときにスクラムハーフとして大学日本一を達成。翌年は主将を務め、その年の北島忠治の逝去に伴う部内の混乱を跳ね返し、見事なキャプテンシーでチームを対抗戦優勝と大学選手権の決勝進出へ導いた。関東学院に17－30で敗れ、連覇は成し遂げられなかったものの、そのゲームでの田中の姿が丹羽の心のなかにはずっと残っていた。

「最後に関東学院にトライを取られるんだけど、澄憲が必死に追いかけて、それでも追いつけなくて、国立のグラウンドにヒザをつく——その姿がずっと残っていて……。僕と澄憲とのすべてはそこから始まっています。OBとして彼には何も手助けしてやれなかったし、相当苦労をさせたけど、澄憲が一人奮闘して、練習をはじめ何から何まで精いっぱいやった。だからこそ、僕自身は彼にあとを継いでほしいと思ったんです。そのためにはきちんとした組織に変えないといけなかったし、少しずつではあるけどいい形にはなってきたので、彼をヘッドコーチとして呼ぼうと。逆に言えば、澄憲しか頭にありませんでした。

チームを大きく飛躍させられるという意味では、マネジメント能力に長けていて、サントリーでも経験を積んできた田中澄憲はそれに適した人材。やっぱり忸怩《じくじ》たる思いでチームのことを考えている選手でないとなかなか変われないし、そのためには周りも『この人であれば』と思える、それ相応な人物であってほしい。ようはそれを備えているのが田中澄憲でした」

丹羽が田中へと正式に打診をしたのは、2016年の12月。田中にとっては驚きのオファーだったという。

「最初に丹羽さんから話があると言われたときはリクルートとか、あるいはその前にS&Cコーチを探しているという話を聞いていたので、そういうことなのかなと思っていました。でも実際にはヘッドコーチ就任の話で、『そのあとは監督としてやってほしい』とまで言われたので、『まさか……』という思いでした。ただ、サントリーでも長くやってきていたので、新しいチャレンジをしてみたいなという気持ちもありました」

会社に相談すると、話はトントン拍子で進み、サントリーの会長である佐治信忠の「大学ラグビーは伝統校が強くないと面白くない。行って強くして来い！」という鶴の一声で、田中のヘッドコーチ就任が決まったのである。

実はその直前、ヘッドコーチ就任の打診を受ける約1ヵ月前に、田中は偶然、明治の試合を見ている。11月20日に秩父宮で行われた帝京戦。その日はたまたま仕事が休みだったこともあり、家族とともに秩父宮ラグビー場の近くまで出かけていた。そして帝京とのゲームがあることを知り、本当に特別な目的もなく、ふらりと秩父宮の門をくぐった。明治の試合を実際に目にするのは、数年ぶりのことだったという。

明治は15－42で、この当時大学選手権を7連覇中だった王者に敗戦。はっきりとした抵抗を見せられないまま敗れたゲームに、田中は明治に対して厳しい印象を抱いた。

「勝ちたいという気持ちをあまり感じなかったですね。なんというか普通のチームという印象で、期待させるものがありませんでした。その時点では明治のコーチになる話もなく、普通にフラッと見たゲームなので『ああ、こんなものかなぁ』くらいの……」

次の明早戦はテレビで観戦した。「試合としては面白いものだった」と前置きしながらも、22－24の接戦で敗れたゲームもやはり厳しい目で見つめていたという。特に気になったのが、明治のスクラムだった。試合を通じて終始、早稲田に支配され、後半8分には故意のコラプシングによってペナルティトライまで奪われた。

MIZUNO
MIZUNO

「『ああ、なんで?』とは思いましたね。『ここは勝たなきゃいけないでしょ』という気持ちでした」

明治と言えば、やはり重戦車と呼ばれるFWがチームの肝だ。それはかつて、北島忠治が長い月日をかけて作り上げたものであり、黄金期にはスクラムやモールを中心とするFW戦で相手を制圧できたからこそ、才能あふれるBKが活かされ、幾度も大学日本一に輝くことができたのだ。

「明治のスクラムは強くなければいけない」

そして、この〝スクラム〟という明治の代名詞が、チームの復活、未来への道標となっていく。

丹羽と田中が新たなチーム作りの話を進めていくなかで、両者の意見は一致する。現状の明治に足りない部分、目指すべき方向性、大事にすべきこと、そして選手たちのあるべき姿。そのなかでも何年経とうが、絶対に崩れないベースを作らなければならない。どれだけ苦境に追い込まれようとも、チームとして揺るがない根本的な自信を得られる武器を作る——。それがスクラムだった。

監督の丹羽には、「前年はわかっていながらも最後まで明確な武器にできなかった」という悔恨があり、それはヘッドコーチに就任した田中も同じ思いだった。

「まずはセットピースを含めて強いFWを作ろうと考えました。そこは絶対に外せないところで、丹羽さんと話をしたときも『明治はスクラムが強くなければいけない』という話題が出ましたし、僕自身も、『明治はやはりスクラム』という思いがありました」

田中は、前年の大学選手権初戦敗退の原因を「スクラムを含めてチームとして自信を持ってやれるものがなかった」と分析。そのせいで、地力では上回りながらも相手のペースに飲み込まれ、痛すぎる敗戦を喫することになった。

強いスクラムを作る——。この至上命題のキーマンとなったのが、田中と同じくこの年からチームスタッフに加わり、FWコーチを務めることになった滝澤佳之だった。滝澤も明治で4年間を過ごし、田中が4年生のとき、1年生だった間柄だ。卒業後はリコーブラックラムズでキャプテンを務めるなど活躍し、2013年にはトップリーグ通算100試合出場を達成した名プレーヤーだった。そして現役引退と同時に、明治のFWコーチに就任した。

滝澤はFW8人で組むことを徹底していった。それまでの明治はフロントローである2人のプロップとフッカーに依存したスクラムを組んでいたが、現在のラグビー界では8人でしっかりとまとまることが、強いスクラムを生むための常識となっている。フロントローに加え、後ろ5人のバックファイブにも姿勢などの細かい指導を施し、スクラムに対する意識とプライドを植え付けていった。

このシーズンのキャプテンでロックを務めた古川満も、滝澤の指導の効果を口にする。

「技術的なものももちろんですが、理屈じゃないところで『明治に入ったなら、スクラムが強くないとダメだろ！』と内面に訴えかけるような熱い指導でした。そうやって焚きつけてくれたことが芯に

MEIJI
RUGBY FOOTBALL CLUB

なって、スクラムの強化につながりました」

実際に春のシーズンからスクラムは驚くほど機能する。春季大会では流通経済、東海、帝京、早稲田と強豪校を相手に、試合の勝敗は別にしてスクラムではペースを握り、ときには圧倒するシーンさえ見せた。

さらに滝澤には、チームの成長を感じさせるスクラムがあったという。8月初旬に行われたNTTコミュニケーションズシャイニングアークスとの練習試合。大学レベルでは通用したスクラムもトップリーグのチームを相手に、滝澤の言葉を借りれば「ケチョンケチョンにされた」。しかし、あるスクラムで、ロック、バックローを含めてFW8人全員が固まったままひっくり返された場面を見て、スクラムの強化を実感した。

「スクラムを押されたときは、特に後ろ5人は離れたほうが安全なんです。でも、最後まで誰も逃げなかった。結果としては押されたんですけどそれがいいと思いましたし、最後までついている姿勢にとても納得しましたね」

FW8人全員で組む――それが徹底されていることの何よりの証明であり、前年の明早戦、京都産業戦からわずか半年ほどで、明治はスクラムという明確な武器を手にしたのである。

マインドセットとピーキングの変革の2点でチーム強化

明治＝スクラム。絶対的な武器を強化していくことに加え、ヘッドコーチの田中は選手たちのマインドセット（意識）とチームのピーキングの変革にも着手した。2月28日に行われたキック・オフ・ミーティング。田中は選手全員を前に、パワーポイントを用いて、この2点がチームの強化につながり、いかに重要かを明快に説いていった。

マインドセットの教材となったのは前年の対抗戦の慶應とのゲーム。自陣でラインブレイクされたあと、ゴールラインに向かう相手のボールキャリーに対し、必死に追いかけない明治の選手の姿を見せ、「このままでは強いチームになれない」と厳しく指摘した。

「勝つためには、チームワークやゲームで100％を出し切る姿勢が重要で、そういうマインドを持たなければ勝つチームにはなれない。それに加えて、今季勝つための武器として、セットプレー、アグレッシブなディフェンス、リアクションのスピードという3つの話をしました」

そのまま1年間の強化計画にも言及した。まずはフィジカルの強化と体格の向上、続いてユニットの強化、最終段階となるシーズン終盤にはチーム全体を強くする。その段階で、フィジカルやフィットネスの数字が最高値を更新することを選手たちに求めた。つまりは翌年1月に行われる大学選手権決勝に、チームも個人もピークに持っていくという意味合いである。そのため、シーズン終盤の11月、12月になっても強度の高いウエイトトレーニングは継続的に続けられた。

「これまでは秋のシーズンに入ると、ウエイトトレーニングは週3回程度に抑えられ、1回あたり20分くらいしか行われていませんでした。それだと、身体がどんどんしぼんでしまいます。1月初旬の大学選手権にピークを合わせるためにも、シーズンが深まってもウエイトは変わらず行いましたし、それで結果的には戦えるようになったと思います」

選手もその効果を実感する。

「最初は身体がきつくて大丈夫かなという心配もありましたが、不思議とコンディションは悪くなりませんでした。スタッフがうまくコントロールしてくれたおかげで、（シーズン終盤まで）すごくいい状態をキープできました」

キャプテンの古川がこう証言するように、チームのコンディションはシーズン終盤までいい状態に保たれ、大学選手権決勝までフィジカルのあらゆる数値が伸び続けていった。

チーム全体のレベルアップと一体感を生み出すための練習改革

丹羽監督、田中ヘッドコーチ、滝澤FWコーチという新たな指導体制になって、もう一つ変わったことがある。それまではヘッドコーチがレギュラー組にあたるペガサスを指導し、Cチーム以下のルビコンは監督の丹羽が中心になって観るという体制が敷かれていたが、田中はここにもメスを入れた。

スタッフ入閣と同じタイミングで田中は、チームの問題点や選手個々が何を考えているのかを知るために、選手全員にアンケートと個人面談を実施。その際に目立った回答が、ルビコンの選手たちからの不満だった。「上のチームが何をしているのかわからない」「僕たちはスタッフに見られていないのでは？」「ペガサスに上がるチャンスはないのではないか？」。こうした不満の原因は、やはり先に記した練習方法にあった。

前年までは、選手全員が同じ時間にグラウンドに集合し、メイングラウンドは主にペガサスが使用。残されたルビコンの選手たちは、その周囲でコンタクトトレーニングをひたすら繰り返すだけのものだった。これではルビコンの選手から不満があがるのも当然で、本当の意味での一体感がチームに生まれず、大学日本一を達成することはできない。

「僕も社会人で優勝を経験しましたが、結局、優勝した年というのはチームが結束しているんですよね。試合に出ているメンバーだけじゃなく、出ていないメンバーもチームのために何ができるかということを考えています。僕自身も現役最後の年は試合に出られませんでしたが、チームでは最年長だったので、チームのために何をやるべきかを考えて取り組みました。そういうことを学んで、最後には勝って引退できたので、その経験も大きかったと思います」

ワン・フォー・オール、オール・フォー・ワン。使い古された言葉ではあるが、ラグビーの世界ではやはり普遍の哲学である。そして田中は、練習の仕組み、構造そのものを変えた。

ペガサスがグラウンドで練習する日は、ルビコンはその周囲を走るなどフィットネスのトレーニングを行い、その翌日は逆のトレーニングを行う。そうすることで、チームに所属するすべての選手を公平に見られるようになった。ただしそれは、レギュラーに近いペガサスのラグビーのトレーニング時間が、実質半分になることを意味する。監督の丹羽はそのことを心配したというが、田中には確信があった。

「問題はそこではないと思っていました。まずは何よりも身体作りが重要で、帝京に勝つにはやはりフィジカル。だからウエイトトレーニングの日数も増やしましたし、フィットネス、要するにフィジカル作りを徹底的にやりました。あとは同じ目で見ることによって、チーム内にも競争が生まれます。ペガサスの選手でも悪ければ落ちますし、ルビコンでも良ければ上のチームに上がれる。こうした競争がチーム全体のレベルアップと一体感につながります。僕はこういったプラスしかないと思ったので、思い切って変えました」

当たり前の話だが、物事に100％の解決法はない。優先順位をつけて、何を捨てるか。一番に解決しなければいけないものに着手することが、結局は大きな改善につながる。だからこそ田中は、身体作りと全員を観るという方法に指導の天秤を傾けた。

さらに丹羽が「時間の使い方がうまい」と評するように、田中はミーティングや練習時間の効率化にも取り組んだ。明治の練習時間は朝6時30分からの2時間。対して王者・帝京は午後にスタートし、夜6時、7時まで約3~4時間の練習を行っている。既に8連覇しているチームに対し、半分の練習時間しかないなかでいかに勝つか——。そのためには限られた時間を効率よく使うしかない。前年までは練習開始に合わせて、選手は6時20分頃にグラウンドに現れ、6時30分から10~15分ほどのウォーミングアップが行われていた。しかし、その時間が無駄だと考えた田中は、6時30分の練習開始から100%のコンタクトトレーニングができるように、事前に各自でウォーミングアップを済ませてくるように命じた。

「つまりはトレーニングの中身をしっかりと強度の高いものにするということ。だから、眠そうな顔をして来るなんてあり得ないし、そういう心構えから変えていきたかった。もっと言えば、帝京の半分しか練習ができないんだから、強度の高い、キツイ練習が必要だということです」

練習だけではなく、ミーティングに関しても時間と形式をガラリと変えた。試合に出る選手だけで1時間以上かけて行われていたものを、時間を大幅に短縮し、映像をまじえながら焦点を絞った内容にした。そして何より選手全員が参加することで、ミーティングの質は大きく高まっていく。

「試合に出ていないメンバーも参加しないと、チーム全体に共通認識が浸透していかないんです。それでは一体感も生まれないし、明治としてのスタンダードも定着しない。だから、1週間に1回は必ず集まる。ただし、あくまで共通認識の場なので長くはやらず、『明治のラグビーとはこういうことだ』とか『こういうプレーが基準になる』とか、そういったことをペガサスの選手にもルビコンの選手にも理解させる。だからAからDまで同じスタイルでしっかりとプレーできるようになるんです」

このシーズン、多くの選手が「スタッフがよく見てくれている」と口にした。田中の目論見や意図が現実になったことの何よりの証明であり、そしてこのことが着実に結果へと結びついていく――。

4年生の自覚と自主的行動によって成長

新任したヘッドコーチの田中が施す、いくつもの新たな取り組みや意識改革。しかし、スタッフがいくら奮闘しようとも、当の選手がその気になり、真剣にラグビーに向き合わなければ結果はついてこない。その点、主将の古川と副将の梶村祐介を筆頭に、このシーズンの4年生は新たなスタッフの指導に食らいつき、チームを牽引していったことは大きかった。その証拠に、連日リーダー陣が集まり、ミーティングを繰り返す。その当時の様子を田中は満足そうに振り返る。

「その年はラインアウト、アタックなどセクションごとにリーダーを振り分けていたのですが、ほとんど毎日のようにトレーニングを振り返って、『明日はこういうところにフォーカスして練習しよう』と、ミーティングをしていました。こちらが強制するのは簡単ですけど、〝自分たちでやりたい〟

と思うかどうかが大事なので、『ミーティングをしろ』と言ったことは一度もありません。これは本当にすごいことだと思います」

自覚と自主的な行動によって、本当の意味での成長が生まれる。この代の4年生は、そのことを本能的に知っていたのかもしれない。監督の丹羽も最上級生が果たした役割の大きさを認める。

「とにかく4年生がね、彼らがいなければ翌年の優勝はなかったと思えるくらい素晴らしかった。彼らが常に言っていたのは、『絶対に4年生が引っ張っていかないといけない。だから4年生がチームを裏切らないようにする』ということ。とにかく大人で、騒ぐときは騒げるし、仲間意識も強い。リーダーだけではなく、いろんな選手が意見できるような関係性がありました」

その中心にいたのがやはり主将の古川と、副将の梶村だ。丹羽いわく「古川が母親で、梶村が父親」という絶妙な役回りを演じていたという。実際、古川をキャプテンに指名したのは田中である。その意図を田中は次のように明かす。

「丹羽さんからキャプテンを誰にするかという話があったときに、僕は『古川がいいと思います』と答えました。梶村はラグビースクールと高校の後輩ですし、その時点でサントリーに入ることも決まっていたので丹羽さんは驚かれていましたが、僕は古川のほうが適任だと思いましたね。梶村は能力も高くてストイックなんですが、あまりにストイック過ぎると、それを周りにも求めてしまって『なんでできないんだ!』となってしまう可能性がある。だから、副将という立場で厳しく目を見張らせる

1

という役割がいいのかなと。逆に古川は『みんなでやろうよ』というタイプで、周りも『（古川）満が言うのであれば』という感じでまとまっていきました」

こうした古川のおおらかさ、器の大きさがチーム全体に好循環をもたらしていく。すべてを自分で取り仕切ろうとするのではなく、周囲の4年生に役割や仕事を振っていき、選手全員が一体となったチーム作りを古川は心がけていった。

「たとえばルビコンで問題が起こったら、ルビコンの4年生で解決する。そういう姿を下級生は絶対に観ているし、そうすれば頑張ろうと思えて、チームのことがもっと好きになって、ペガサスに上がりたいと思うようになるはずです。4年生は4年生らしく、チームの顔らしくというか、もともとそういうことができる選手が多かったのも、いい文化が生まれるきっかけになったと思います」

実際に、この2017年度のCチームはシーズン終了まで全勝。帝京にも勝利するなど、チームの底上げに大きな役割を果たした。

ただし、シーズンの始まりからすべての最上級生がチームに協力的だったわけではない。ルビコンの4年生の桑原颯太は、田中いわく「半分腐っていた」選手だった。トレーニングへの集中力に欠け、態度も悪く、田中は幾度となく桑原を叱り飛ばしたという。

「なんで、こんな選手が明治にいるのかというくらい腐った選手で、『お前は練習に来なくていい』とか『立ってそこで見ておけ』とか、そんなことが何度もありました」

しかし、田中は桑原を見捨てなかった。叱ったあとも、「4年生として最後まできちんとやりなさい」「やりたいという意思があるなら、試合に出られなくても4年生として全うしないと、社会でもすぐにギブアップする人になってしまうよ」など、諭すように声をかけ続けた。その真意を田中は次のように語った。

「放っておくのは簡単です。でも見て見ぬふりをするのではなく、指導者としてしっかりと接していかないといけない。ペガサスを勝たせることだけを考えれば、ルビコンは放っておけばいいんですけど、僕はやはりOBなので、明治がどうあってほしいかという情熱のほうが大事だと思っていますし、そのためには本気でぶつかりますから――だから、それを感じてくれたんじゃないかなと思いますね」

田中の言葉通り、シーズンが深まった頃、桑原の態度は一変する。11月下旬、Bチーム以下の大会にあたるジュニア選手権が終了すると、下のチームは公式戦がなくなり、特にルビコンの選手のモチベーションの維持が難しくなる。そのタイミングで田中は桑原に、「これからルビコンは難しい時期になってくるけど……」と声をかけた。すると桑原は間髪入れず、「大丈夫です。僕、キヨさんの言うことわかります。僕がやりますから任せてください」と即座に答えた。田中にとっても驚くほどの変わり様だった。

「こんな風に変わるってすごいなと思って、僕は嬉しかったですね。練習中もずっと彼が先頭に立って常に声を出しながら、下のチームを引っ張ってくれました。他にも何人かそういう選手がいて、決して上の試合には引っかかってこない選手たちでしたけど、すごく頼りになりましたし、逆に言えば彼らに一番感謝していますね。

厳しいようですが、4年生で試合に出られないのであれば、チームのサポートに回るべきだと思います。僕自身もサントリーでの現役最後の年がそういう状況だったのでよくわかりますし、それが最上級生としての責任。4年生はその悔しさとか、それを乗り越えて献身的になったときに成長しますし、社会に出てからも必ず役立つと思います」

よく言われることだが大学スポーツ、特にラグビーにおいては最上級生である4年生の姿勢、態度がチームの結果、出来不出来を大きく左右する。だからこそ自身の役回りを自覚し、正しい行動を取らなければならない。田中は〝腐った選手〟を見捨てなかったことで、チームはまた一段と成熟した。

一貫性を失うことなく、立ち返れるベースができた

対抗戦が始まり、順調に白星を積み重ねていくなかで、チームは一時、停滞の気配を見せる。10月28日の慶應戦（26－28）、11月18日の帝京戦（14－41）と大事なゲームを2つ落とし、多くの選手たちが自信を失いかけていた。そこに追い打ちをかけたのが、11月23日の早慶戦。早稲田が自分たちを破った慶應に競り勝ち、しかもピッチの横幅を広く使ってテンポよくボールを回す見事なポッドラグ

ビーを披露したことが、選手の自信の喪失にさらなる拍車をかけた。その早稲田との対戦が約10日後に迫っている。不安を覚えた主力FWの祝原涼介が夜11時頃にも関わらず田中のもとを訪れ、「あのアタックをどうやって止めるんですか？」と、相談を持ちかけてきたほどだったという。

しかし、スタッフ陣はまるで慌てていなかった。田中は言う。

「やはり学生は勝った負けたをすごく気にするので——でも、そんなものだと思いますし、ポッドラグビーは勝つと実際以上に強く見えてしまうスタイルでもありますから。ただ、こちらからすれば、何をそんなに慌てているんだという話で（笑）。だから、『確かにいいラグビーだけど、こういう弱点があって、ここまで我慢すればボールは取り返せるから』という話をしました」

丹羽もシーズンを通して一貫性を失うことなく指導を続けられていることに、これまでのシーズンにはない強い自信を持っていた。

「ベースはできてきていて、立ち返れる部分もあったから、負けが続いたからといって、ラグビーそのものをガラッと変える必要は何もありませんでした。僕自身、それまでの4年間を振り返ったとき、ベースを変えずに積み上げていったシーズンだけ年越し（大学選手権準決勝進出）を果たせています。だから澄憲にも『責任はオレが取るから、ブレないで自分の信じていることをやっていけと。選手は滝澤を含めて、お前たちスタッフのことを信用しているんだから』とは伝えました」

実際、明早戦では田中の予言が的中する。前半5分、自陣深くまで攻め込まれた明治だったが、右サイドで梶村祐介が早稲田のパスをインターセプト。そこから約80メートルを独走し、先制トライを挙げた。その後も終始、明治は主導権を握ったままゲームを進め、29－19で快勝。対抗戦を2位で終えて、大学選手権へと進出した。

大学日本一の座を懸けたトーナメントでも、明治は落ちつきと相手の弱点を巧みに突くゲーム運びで順調に勝ち進んでいく。初戦で京都産業を相手に前年のリベンジを果たし、続く準決勝では強力なスクラムと海外出身選手を擁する大東文化に対し、後半に5トライ36点を奪い大勝。19シーズンぶりとなる大学選手権決勝へと駒を進めた。

決勝進出についても、田中は「ずっと想定内でした」と確信めいた口調で語る。

「僕はチームに来る前に、1年目から決勝までは絶対に行けると思っていました。(帝京以外のチームには) しっかりと強化すれば勝てる、やることさえしっかりやっていれば絶対に決勝までは行けると。ただ帝京を倒すのは難しい。彼らはチームとして成熟していますし、どんな状況でも落ち着いていて、試合中の修正能力も高い。本当に手強いですよね」

その帝京は準決勝で東海を破り、決勝へ。21年ぶりの大学日本一を目指す明治の相手は、大学選手権9連覇がかかる帝京。田中にとって想定の範囲外へと挑む戦いとなった。

大学選手権決勝で改めて感じた帝京との差

準決勝から中4日で迎えた王者・帝京との決勝戦。実質2日間しか具体的な準備に充てる時間がないなかで、明治はチャンピオンチームを乗り越えるための策を施していった。ヘッドコーチの田中は3つのサインプレーを用意。そして前半、そのいずれもがハマり、17－7と10点をリードしてゲームを折り返す。

「準決勝の週には、決勝用のサインプレーなどをこちらで考えて準備していたのですが、そのすべてがうまくいったんですよね。普通であれば5つ準備をした内、1つか2つうまくいけば御の字なんですけど、この試合では3つともうまくいきました。それがトライにもつながったりして」

明治は試合開始からフルスロットルで肉弾戦を挑み、用意していたプレーもすべてがうまくいった。しかし、あまりにうまくいき過ぎたゆえに、逆に後半の戦い方が難しくなってしまった。

「後半はどうしようかとなったときに、切るカードがもうありませんでした。ハーフタイムには、『リードしているからといって守りに入らないで、自分たちのラグビーをやるだけ。だから攻めよう』という話をしたんですけど、まだまだ帝京に勝てるという自信を持った状態ではなかったので、時間が経過するごとにどんどん追い込まれてしまったんですよね」

それは選手も同じだった。スクラムハーフの福田健太は「帝京がこのまま終わるはずがない」と不安を感じ、キャプテンの古川も「絶対にどこかで帝京の時間帯が来る。それがいつなんだ」と、慣れない追われる展開に頭を支配されていった。

後半はやはりと言うべきか、落ち着きを取り戻した帝京がゲームの流れをつかんでいく。後半15分と20分にトライを奪い、21－20と逆転。明治はこの1点差を越えられないままノーサイド。19年ぶりの決勝は悔しい逆転負けに終わった。

「正直、僕自身の経験不足も出てしまいましたが、決勝で帝京を相手に1点差のゲームができたことは嬉しい想定外。そこは学生の成長、力を感じましたね」（田中）

一方、翌シーズンにキャプテンを務めることになる福田は、この1点の重みを痛切に感じていた。

「帝京相手にここまでやれたというのは自信になりました。ただ僕のなかでは、1点差以上の差が帝京との間にはあったなと」

低いようで高く、薄いようで分厚い帝京というチャンピオンチームのカベ。翌２０１８年は、そこに本当の意味でチャレンジしていくシーズンとなる。

田中ヘッドコーチから、田中監督へ

大学選手権での1点差による準優勝。あと一つ階段を登ればいいところまで来た2018年の明治は、新体制を敷いた。ヘッドコーチの田中が監督に昇格。丹羽は出向元である北海道の清水建設に戻り、チームアドバイザーとして外からチームを観る立場となった。そして新たにBKコーチに就任したのが、前年まで日野レッドドルフィンズでコーチを務めていた伊藤宏明である。伊藤は田中と同期で現役時代はハーフ団でコンビを組んでいた気心知れた仲だ。監督という新たな役割を果たさなければいけない田中にとって、伊藤の存在は大きかった。

「僕自身、ヘッドコーチから監督になったことで、グラウンドのことだけに集中できなくなりました。チームの運営など、いろんなことがあるので、そちらにも力を注がないといけない。そういう意味では、ある程度はグラウンド内のことを伊藤に任せられるので、僕自身もすごく助かりましたね」

田中いわく、伊藤のコーチとしての優れた資質は、「物事を冷静に俯瞰して捉えられ、観る角度や切り口がユニークで、細かい部分まで落とし込めるところ」。田中に、FWコーチの滝澤、そしてBKコーチの伊藤と、指導体制が確立されたことは間違いなく、このシーズンの明治の大きな武器となった。キヤノンイーグルスのGMを務め、頻繁に合同練習を行うなど明治とも交流の深い永友洋司は、コーチ陣の姿勢に賞賛を惜しまない。

「何かを学ぼうという貪欲さはすごく感じます。コーチ陣が常に学ぶ姿勢を忘れていないということが選手たちにも伝わっているのではないかと思います」

さらには、丹羽から田中への監督の引継ぎ、田中のヘッドコーチから監督への昇格という流れがスムーズにいったことも大きかった。強化の方向性は前年のベースを継続でき、新たに、ドミネートスクラム、デンジャラスアタック、ハンティングディフェンス、フラッシュトランジション、スマッシュブレイクダウンという5つの強化の柱を打ち立て、チーム全体のレベルアップとブラッシュアップを続けていった。その成果は、早くも春の帝京とのゲームで現れることになる。

4月30日、札幌ドームで行われた帝京との春季大会開幕戦。アドバイザーの丹羽は、このゲームがシーズンを占う意味でも、もっとも重要な一戦と捉えていた。

「（前年に準優勝したことで）選手が本当の悔しさを覚えて、優勝しかないというところまで来たことを感じてのシーズンだったと思います。だからこそ、乗り越えないといけないゲームでした」

またスタッフは選手同士のネットワークから、帝京がこの試合に対してかなりの準備を重ねているという情報を得ていた。前年の大学選手権決勝で1点差まで追い上げてきた明治に対し、シーズン初戦となるゲームで叩いておきたいという思惑があったのかもしれない。一方の明治はあくまで自分たちにフォーカスし、ベーシックなトレーニングの積み重ねとポジションの立ち方を確認しただけで、

〝対帝京〟という部分に対しては何も特別な準備を施していなかった。

しかし、勝ったのは明治だった。ブレイクダウンで随所に上回り、後半37分には相手ゴールライン前でのFW戦を制し、朝長駿が逆転のトライを奪った。帝京の大学選手権9連覇のベースとなっているのは、屈強なフィジカル。王者が強みとしている部分で勝ったことの意味は何よりも大きい。

「前年の決勝戦はフィジカルで負けていましたが、そこで負けなかったというのは大きかった。やはり積み重なったものがあるんだなと感じました」

指揮官の田中がそう振り返れば、キャプテンである福田も、「僕らの年になって新しいことを始めたわけではありません。キヨさんが来てから1年間積み重ねられたから、僕らの代の結果にもつながっている」と手応えを口にした。

潮目が変わるかもしれない、何かが起こるかもしれない——。そう感じさせるのに十分なシーズン開幕戦となった。

キャプテンが本音をぶつけて、チームが結束

春の帝京戦での勝利は、選手たちに間違いなく自信をもたらした。春季大会はその後も連勝を重ねてチーム初となる優勝を飾り、夏合宿での帝京との練習試合にも勝利。帝京には11月18日に行われた

対抗戦でも、スクラムとキックを巧みに使った戦い方で勝利を果たし、王者を相手に3連勝を達成してみせた。

22年ぶりとなる大学日本一奪還へチームは順調な歩みを進めていると思われたが、しかし、シーズンが深まった頃に急ブレーキがかかる。慶應とのゲームでは終了間際に逆転トライを奪われて黒星を喫し、明早戦も早稲田の巧妙なアタックにディフェンスを崩され敗戦。明治は対抗戦5勝2敗ながら、4位扱いでの大学選手権進出となってしまった。

田中は、その原因が4年生のパフォーマンスにあると気づいていた。

「悪い試合はすべてそうなんです。慶應戦は4年生が自分勝手なプレーに走っていいパフォーマンスをしていなかった。早稲田戦の前半（30分）に丸尾（崇真）に取られたトライも、キックしたあとに井上（遼）と高橋（汰地）の間を岸岡（智樹）にラインブレイクされたのが原因で、これも隣同士で話していれば何の問題もなかったのですが、そうしていなかったですからね。だから結局はそういう4年生のパフォーマンスの問題なんです」

しかし田中は、あえて指摘しなかった。「いくらスタッフが『勝つぞ』と言ったところで、学生が冷めていたら勝てない」と考えていたからだ。自分たちで問題の本質に気づかなければ意味がない。

そして、そのタイミングで祝原が監督室の扉をノックしてきた。祝原は、キャプテンである福田健太のパフォーマンスの悪さがチームの不調につながっていると相談。田中は祝原の口ぶりから、「監督から伝えてほしい」というニュアンスを感じた。

「でも、それでは意味がないんです。だから祝原には『俺が言ったところで健太は変わらない。お前から言われたほうが刺さるんじゃないか？　言わなかったらあとで後悔するだろうし、もし言って仲が悪くなるのであれば、そこまでの仲じゃないのか？　どっちがいいんだ？』と言いました」

田中に背中を押された祝原はその直後、福田に直接、思っていることのすべてを伝えた。翌朝、福田は田中のもとを訪れ、「正直、心に響きました。もう一回しっかりとやります」と宣言。４年生全員が飲食店に集まり、決起集会が開かれた。そこで福田は初めて本音をぶつけたことで、チームは結束を固めていく。

田中は、福田がなかなか本音を言えなかった原因をよく理解していた。

「いろんなことを自分でやろうとしたり、彼なりにいろんなことを考えたりしていたと思います。僕はいつも健太に言っていたんですが、周りに『頼む、サポートしてくれ。結束してやろうよ』と、ひと言頼めば済む話なんですよね。でも、弱音を吐いていると思われるかもしれないし、まだまだ未熟な学生ですから、なかなか言えないものなんです。僕もキャプテンの経験があるから、よくわかります。そういう意味でも、健太は健太でプレッシャーを抱えていたんじゃないかなと思いますね」

対抗戦が終わり、大学選手権を迎えるタイミングでチームは一つになり、負ければ終わりのトーナメントを抜群の勝負強さで勝ち抜いていく。準々決勝では東海に競り勝ち、準決勝では早稲田に対抗戦のリベンジを果たして、見事に2年連続での決勝進出を決めた。

チームの一体感は日常のトレーニングにも表れる。天理との決勝を翌日に控えたルビコンのトレーニング。冬場の早朝という悪コンディションにもかかわらず、4年生が必死に身体を当て合い、見たこともないような強烈なタックルを決めた。C、Dチームにあたるルビコンには、試合出場のチャンスはまずない。それでも「チーム全体で戦う」という強い意志が一つひとつのプレーに宿っていた。田中も、「自分たちの練習がAチームにつながるんだという意識があった」と目を細めるほどの一体感。本当の意味での充実の時間を経て、明治は1996年度以来となる大学日本一に向けて、天理との決勝に臨んだ。

22年ぶりの大学日本一。勝負を分けたメンタル

決勝の相手である天理は強烈なスクラムと3人の海外出身選手を擁する関西王者。準決勝では前人未到の大記録10連覇のかかった帝京相手に29－7という大差で勝利し、明治も春と夏の練習試合では天理に敗れていることもあって、事前の予想では天理有利の声も少なくなかった。しかし、田中はこの一戦に強い自信を持っていた。

「天理は難しいことをやってこないシンプルなチームなので、相手の強みである外国人選手とスクラ

ムとディフェンス――この3つに焦点を当てて対策をしました。もちろんシンプルなチームは単純に強いんです。わかっていても止められないということですから。そのためにもスクラムを含めたセットプレーとフィジカル、特に外国人選手をいかに止めるかというところ。ディフェンスに関してもタックルがすごくいいので、的を絞らせず、しっかりと1対1を作っていくことにフォーカスして臨みました」

さらには前半をリードして終えることも、ポイントの一つだった。このシーズン、天理はすべてのゲームを前半リードで折り返し、勝利を挙げてきている。逆に言えば、明治が前半のスコアで上回っていれば、後半には天理の焦りを生み出せるという狙いだった。

先制トライは天理。明治陣5メートルからのラインアウトをきっかけに、モールからブラインドサイドを突くサインプレーで、天理が先に5点を奪った。明治にとっては嫌な展開と普通は思うところだが、実態はまるで違った。田中は「最初にあのプレーを出す時点で浮足立っている証拠」と断言する。

「正直、モールで取られたほうがよっぽど痛かったですね。彼らはいいモールを作れるので、その対策も僕らはしてきていました。それでも持っていかれたとしたら、『ああ、やっぱり強いな』となってしまいますが、サインプレーだったので『なんか取られちゃったな』くらいで、僕らからするとダメージはないんですよね」

ゲームを見守っていたチームアドバイザーの丹羽も同じ思いだった。

「力勝負に来てくれなくて助かったと思いましたね。前年の明治もそうでしたけど、勝てるかどうかわからないような相手に先制してリードしてしまうと、選手のなかに『勝てるんじゃないか』という気持ちがわいてきて、勝負のことに頭が支配されてしまうんです」

実際、天理は先制しながらもメンタルを平静に保つことができないでいた。明治OBで天理のFWコーチを務める岡田明久は普段指導する選手たちの様子を見ながら、「すぐにトライを取れたのに、まだ緊張している」と感じていた。

一方の明治は落ちついてゲームを進めていく。すぐさま、右ウイング山崎洋之のトライで同点に追いつき、22分には先制トライのお返しとばかりに、ラインアウトからのサインプレーで高橋汰地が抜け出し、逆転に成功。スクラムはゲーム全体を通して押し込まれたが、天理のスクラムの強さは事前に認識していただけに決して慌てることはなかった。

目論見通り、前半を7点のリードで折り返した明治は、後半、天理の必死の反撃を集中力の高いディフェンスでしのぎ切り、22シーズンぶりの大学日本一へと返り咲いた。

チーム再建のために組織作りから着手、5年間の監督生活でチームを準優勝まで導き、この覇権奪回の礎を築いた丹羽は、ただただ安堵の気持ちがわいてきたという。

「僕にとっては監督5年、アドバイザー1年だけではなくて22年の戦いだったから、ようやく達成できてよかったです。こんなに時間はかかってしまったけど、何よりも学生たちの顔が嬉しそうでよかったし、ファンの人たちもここまで待っていてくれて感謝しかないですよね」

王座に就いたということは、追われる立場になることを意味する。このシーズンを含めて、明治が大学日本一を達成したのは通算13度。そのうち連覇を成し遂げたのは、90年度と91年度、95年度と96年度の2回だけである。チャンピオンであり続けることはそれほど難しく、その難関に挑むシーズンがこれから始まっていく。

第4章

未来——大学日本一はゴールにあらず　常勝軍団への道

選手だけでなく、コーチもスケールアップを図る

自身が3年生のとき以来、明治を22シーズンぶりとなる大学日本一へと導いた監督・田中澄憲。指揮官が明治において実現を目指すのは、ただ勝利を積み重ねることだけではない。チームそのものの文化を新たなものに生まれ変わらせようとしている。

大学選手権における2017年度の準優勝、2018年度の優勝からもあきらかなように、明確な指針と的確な指導で選手個々とチームを間違いなく成長させたが、監督となった現在は選手ばかりでなく、コーチ陣の育成、レベルアップも図っている。

ヘッドコーチ時代は、日々のスケジュールや練習の組み立てをすべて自分で考え、指導していたが、監督に就任以降、トレーニングに関しては〝大枠〟にあたる年間スケジュールを立てることに専念し、細かい部分はFWコーチの滝澤、BKコーチの伊藤、S&Cコーチの藤野健太に任せている。そうすることで、コーチ間でのコミュニケーション、情報共有が円滑になり、チームや組織そのものが洗練されていくからだ。

「やはり、ある程度は任せるということが大事です。もちろん不安もありますが、逆に彼らが必要か不必要かの判断をしながらスケジュールを組んでいくことで、自然とラグビーの話をする時間やコ

ミュニケーションを図る機会が増えていきます」

そのなかでもカギを握っているのが、フィジカルとフィットネスの強化を専門とするS&Cコーチの藤野だ。藤野が練習の週間スケジュールを組み、それを滝澤、伊藤、両コーチに相談しながら、細部を詰めていくという作業を繰り返している。本来は監督やFW、BKコーチが主導になるべき分野をなぜ、S&Cコーチに任せるのか――。

実は、藤野自身にラグビーの競技経験はない。さらに1シーズンに渡って、一つのラグビークラブに密接に帯同するのも明治大学ラグビー部が初めてである。だからこそ、田中は藤野が担うことの意味の大きさを強調する。

「特にラグビーのS&Cで大事なことは『競技に活かせる身体をいかに作るか』です。ただ身体を大きくすることだけが目的なら、ボディビルディング専門のコーチを呼んでくればそれで済む話。しかし、やはりラグビーの試合で通用する身体にならなければ意味がないので、S&Cコーチはラグビーという競技をよく理解しないといけません。そのためには、コーチたちとよく話すことが要求されます。ですから、僕らはスタッフミーティングも全員で行うようにしています。そういうなかで、藤野にもコーチとして成長してもらいたいんです。

これまで僕が見てきた傾向として、S&Cコーチは自発的に『これをやりたい』とビジョンを示す人は少ない。逆に言えば優秀なS&Cコーチはラグビーのコーチにも意見するし、『いまはこうしたい』『次はこれがやりたい』と自分から発信できる。藤野はまだまだ若いですし、僕としてはここで成長してもらって、将来的にトップリーグのコーチになるとか、その後に代表のコーチになるとか、そういった成長を促せる場にしたいんです」

さらに、田中は続ける。

「そういう意味では藤野は大変だとは思います。おそらく最初は、1日中ウエイトトレーニングの時間があるうえに、『なぜ、ここまでやらないといけないんだろう?』と考えていたはず。でも仮に明治との契約が切れたとしても、『僕はラグビーを理解していて、スケジュールも作っていました』と言えたら、ほしいチームはたくさんあるんですよ。僕だってS&Cコーチがほしいとなったときに、そういう人材が来てくれたら『ぜひ!』となります。だから、そうであってほしいんです。ラグビーのS&Cコーチは結構、いろんなチームをグルグル回るんですよ。だからこそラグビーを理解しているほうが、絶対に重宝されます。そうなると自分でチームを選べる立場にもなれますよね。本当にそうなってほしいんです」

ラグビーをよく理解したうえで、さらに練習のスケジュールまで組めるS&Cコーチとなれば、大学だけでなく、トップリーグでも引く手あまただ。もちろん、ただウエイトトレーニングを指導するだけよりも仕事量は増え、負担も大きくなる。しかし、それだけのメリットが十分にある。

「藤野に限らず、いまの明治のメディカルやトレーナーは若いので、やる以上は成長して次の段階ではもっと条件の良いところに行く。僕はそれがプロだと思います。スタッフにはそういう人が集まってくれるとありがたいですし、明治のスタッフであれば成長できるという風になってほしいと思います」

育成するのは選手だけではない――。コーチも含めて、クラブ自体のスケールアップを図ろうとする指揮官。多くの選手がトップリーグや日本代表を目指すのと同じように、若いコーチにもステップアップの道はあるのだ。

身体を動かしやすい細かな体重管理

田中が指導にかかわるようになって以降、選手の体重管理もより緻密なものになっていった。ロックであれば○○キロ、プロップであれば……と、ポジションごとに一定の目標値を設定。それに対して管理栄養士の山田優香や、S&Cコーチの藤野が選手個々を指導、サポートしていくという体制だ。

山田は、そのメリットを次のように語る。

「ポジションごとの体重がより明確に示されたので、指導がしやすくなりました。それまではS&Cコーチと2人だけで話しながら――私自身もラグビー選手への指導歴が長いので、この選手はこのくらいの身長なのでこのくらいの体重、という風に決めていたんです。でも、田中監督や滝澤コーチにはやりたいラグビーというビジョンがあって、それに対する体重も明確だったので、その目標値に向かって身体作りを進めていく形になりました。

たとえばロックで体重が100キロに満たない選手がいた場合、栄養とS&Cの両面から増量の働きかけをする。選手に対しても、『監督、コーチ陣から、こういう風に明確に指針が出ているから、それに向けてやっていこう』と話ができます。だから選手も迷いがなくなりましたね。本当にわかりやすいと思います」

もちろん杓子定規に決められているだけではない。選手個々で身長や体組成、身体を動かしやすい体重は異なる。たとえばプロップの場合、ポジションとしての目標体重は110キロに定められているが、身長が170センチに満たない選手にとっては、かなり厳しい目標値だ。そのため、徐脂肪体重（筋量）が減らない範疇で目標を105キロに設定するなど柔軟性を持たせている。また、選手サイドから「前の体重のほうが動きやすかった」という意見が出てくれば、再びコーチ陣と話し合うこともあるという。

「そうなった場合は、ケース・バイ・ケースで対応していきます。『そうだね、減らしてみようか』となるときもあれば、『いや、自分が思っているほど悪くない。よく走れているから、いまのままで頑張ってみようか』という場合もある。そういったことをプレーの観点を含めてジャッジしてくださるので、選手だけでなく、私たちも本当にやりやすくなりましたね」

2018年度シーズンで言えば、ロックとバックローを兼任していた舟橋諒将が肉体改造に取り組んだ。コーチ陣から「アジリティが高まる身体にしてほしい」という要望が届き、その時点で108キロあった体重を3週間で104キロまで落とした。舟橋本人は以前の体重でも十分に動けているという自覚があったため減量を嫌がったというが、山田は1週間ごとに体重と体組成を計測し、その結果をフィードバックすることでモチベーションをキープさせた。

「減量は食事量をコントロールすることで、3週間である程度の結果が出せます。そして、その結果を随時見せて、『いい感じに減っているね』というのを本人と確認しながら。だから舟橋も『除脂肪量が減っていないのに体重だけ減った』『脂肪量もこんなに減った』って、やる気を維持しながら取り組めたんですよね。目標体重に到達すればあとはキープでよいので、そのあとは少しずつご飯の量を戻していくという形です」

筋量を落とさず脂肪だけを減らすという減量がうまくいった舟橋は、パワーを落とすことなく動き自体が改善された。実際に、その後のジュニア選手権においてはキャプテンとしてけん引。持ち前のボールキャリーの強さと高さを発揮し、チームを20年ぶりとなる同大会の優勝へと導いた。スタッフと選手を信用しながら、細部にまでこだわる田中の指導方針はこんなところにも新しい息吹を吹き込んでいる。

ウイニングカルチャーがチーム内に生まれつつある

ウイニングカルチャー――。2011年度から18年度にかけて帝京が前人未到の大学選手権9連覇を達成したことで、ラグビー界に浸透していった言葉だ。チーム全体に「勝って当たり前」という意識が浸透し、そのための努力を惜しまない文化がクラブに根づいていることを意味する。この点において、18年度に大学王者に輝いた明治はどうだろうか。チームの指揮官である田中の見解は厳しい。

「まだ1回勝っただけですから、ウイニングカルチャーができたとまでは言えません。それでもやはり、明治大学ラグビー部は強くなければいけないという意識は芽生えたと思います。常に優勝を争うポジションにいないといけないチームですし、そういう意識は選手のなかにあるのではないかと。以前であれば（大学選手権の）準決勝で負けたら、『そこまで行けたからいいよね』となっていましたが、おそらく、いまは『優勝できなくて悔しい』と感じるチームになっている。正月を越えられてよかったと思うのか、優勝できなかったと思うのか――この2つでは全然違うチームなので。

僕が現役だった頃は年内でシーズンが終わるなんてことはなかったですし、そもそも、そんなことを考えもしなかったですね。成人式が1月15日で固定されていた時代で、その日が日本選手権（※社会人と大学の優勝チームによるゲーム）だったので、成人式に出られないのが当たり前というか、そういう感覚でした」

22年ぶりの栄冠は選手たちの意識をはっきりと変えた。２０１９年度シーズンの幕開けを告げる、4月に行われた東日本大学セブンズ。明治は見事に3連覇を達成したが、準決勝の帝京戦にウイニングカルチャーの片鱗が表れていた。7－10と3点のビハインドで迎えたゲーム終盤、明治は20フェーズ以上も攻め続け、最後は山村知也がトライ。劇的な逆転勝利を飾った。この勝利には田中も確かな手応えを感じたという。

「選手たちが『セブンズだから、まあいいか』とならなかったことが大きい。最後まで諦めない姿勢で戦ったことが、最終的な結果に表れました。僕自身は、たとえ負けても違った意味で勉強ができると思って見ていましたが、結果的に勝ったのでチームとしての成長を感じましたね。指導を始めた最初のシーズン（２０１７年度）は、帝京と戦うにあたって、ゲーム前から名前負けしている感じがあったのは事実です。それが徐々になくなってきて、強い相手にチャレンジするという意識がいまはすごくあるんじゃないかと思いますね」

明治OBで、トップリーグ・リコーブラックラムズのゼネラルマネージャーと監督を務める神鳥裕之は、対戦相手だけでなく、「昨シーズンまでの自分たちを超える」こともウイニングカルチャーの醸成には大きな手助けになると力説する。

「チャンピオンマインドを持つには時間がかかります。明治はやはりチャレンジャーの気持ちを忘れずに取り組むことが大事。昨年のチーム、昨年の明治をライバルにするのもいいと思いますね。トップリーグと交流戦があった時代はそれをモチベーション維持の材料にできましたけど、いまはそれが叶わないなかで、まずは昨年の明治に勝つという目標を掲げるなど意欲を忘れずに取り組んでいってほしいですね」

強い相手に気圧されず、前評判に惑わされず、自分を超えていく。チャレンジャーの気概を持ち続ければ、チャンピオンチームであり続けられ、ウイニングカルチャーも自然と根づいていくはずだ。

ウエイトトレーニング施設の改修

田中は環境面の設備の充実も図ろうとしている。その一つが、ウエイトトレーニング施設の改修だ。丹羽前監督時代にもマシンの数を増やし、照明設備をより明るいものに変えるなど改善を図ってきたが、田中からすれば、より大きなアップデートが必要だという。

「正直まだまだやらなければいけないことがあります。僕自身もたまに動こうと思ってウエイト場に行くんですが、なかに入った瞬間に『ああ、やめよう……』と思ってしまう。それぐらい老朽化が進んでいるというか。この状況で帝京と張り合えるだけのフィジカルを作ったのは本当に大したもので、（S&Cコーチの）藤野と選手の努力の賜物ですよね。でも監督としてはそれに甘えてはいけないので、どうにかしないといけない。選手たちがウエイトトレーニングをやりたいと思えるようなジムにしたいなと」

そこで田中はOB倶楽部に掛け合い、金銭面のサポートを受けて、2019年の夏合宿期間中に大幅な内装工事を行った。これで、「選手のウエイトトレーニングに対するモチベーションが少しでも上がるなら」という強い思いからだった。

田中が本当に望んでいたのは、ウエイトトレーニング場そのものの建て替えだった。2階建ての施設に作り替え、1階はウエイトトレーニングだけでなく、レスリングの練習にも取り組めるような広いスペースを確保し、2階にはミーティングルームを設ける。なかでも、ミーティングルームが、チームを強くするうえで欠かせないものだと指揮官は考えている。

実は、選手たちは普段、寮内であまりラグビーの話をしない。これには寮の部屋の作りが大きく関係している。基本的に4人で1部屋を使用し、2段ベッドが2つ設置され、残りのスペースに勉強机が置かれているという構造。そもそもスペース自体が狭く、机に向かって勉強をするか、ベッドで眠ることしかできず、普段の生活はどうしてもベッドの上で過ごすことが多くなってしまう。これではコミュニケーションを図るのも難しくなる。そのため、ミーテイングを行うには来客用の部屋を使用する他なく、集まる選手もリーダー陣など一部の限られた選手だけになってしまう。指揮官はここにもメスを入れたかった。

田中が現役だった当時は現在の寮ではなく、建て替えられる前の古いものだったが、1部屋あたり8人で使用できるほど広く、床面積も十分に確保されていたため、そこに座を組んで頻繁にミーティングが繰り返されていた。

「4年生がピザを買って来て部屋にいる選手で食べたり、ラグビーのビデオを観ながら、ああだこうだ言ったり。ある程度ポジションごとに部屋割りがされていたので、そういうことをかなり頻繁にやっていたんですね。だから滝澤とも、『部屋の作りが良くないよな』という話はよくします。

これは僕の夢なんですけど、できるならウエイトルームを広くすることで、ミーティングルームも兼ねた娯楽部屋を作って、そこにテレビやソファが置く。そうすれば、ストレッチをしながら試合のビデオを観ることもできるし、選手同士で話し合える機会も増える。ラグビーの話が自然とできるような部屋があればいいなと」

この〝自然と〟という言葉が重要だ。チーム内で問題が起きたとき、うまくいかない試合があったとき、スタッフから強制されるのではなく、選手同士が当たり前のように話し合うことが理想で、それが日常的にできるチームは必然的に強くなっていく。田中はその重要性を強く訴える。

「うまくいっていないのであれば、特にゲームに出ているメンバーは、自分たちで積極的に動いて話し合うべき。学生スポーツですから、チームは学生のもの。学生が本気にならなければ意味がないんです。スタッフやコーチはあくまでサポート役で、ヒントや理屈は与えられますけど、やるのは学生自身。明治は伝統的にそういうチームですし、自分たちで主体的に考えてチームを作っていくのが明治大学ラグビー部だと思っています。

専門的な部分まで詳細にやる必要はありませんが、次の対戦相手に対しては最低限、数試合は観て、『ラインアウトはこういうところが特徴だよね』とか『スクラムはこういう角度で押してくるよね』といった相手の特徴くらいは、みんなの共通認識として持っておいてほしいですね」

現在は選手個人のプライベートスペースが確保され、住みやすい環境になっていることは間違いないが、快適なばかりでは失われてしまうものがあるという典型的な例なのかもしれない。田中の構想、夢が実現すれば、明治はさらに強く、大きなクラブへと変貌を遂げるだろう。

後任監督の人事——やりたい人とできる人は違う

少し気の早い話かもしれないが、田中は自身の後任人事に関しても、既に頭を働かせ始めている。監督自身に人事権はなく、あくまで推薦という形で候補を挙げることしかできないが、それでも田中には次期監督に関しては確固とした信念がある。

「やりたい人がやるのではなく、やるべき人がやらないといけません。僕自身もいつまでも明治の監督でいるわけではないので、その時期が近づいてきたら、しっかりとした候補を挙げるつもりでいます。既に何人かの候補が頭のなかにあるので、そういう人にあとを引き継いでほしいと考えています」

では田中の言う、監督を〝やるべき人〟の条件とは一体何なのか。

「自分が結果を出すことに固執して、『こうするんだ!』と急激な方向転換をする人は推薦しません。『こういうところをしっかり持っているから、だからこの人を推薦したいな』というのもありますし、いま指導してくれているコーチも残ってくれれば、なお良いと思いますね。滝澤なんかは明治の軸をブラさないようにという意識がすごくあると思います。ある意味頑固というか融通が利かないという側面もあるのですが(笑)。伊藤もそういう意識はすごくあります。でも、『明治のためであれば』という明治愛の強い人間は絶対に必要です。

結局、学生の指導は仕事ではないんですよ。仕事だと思うとできません。僕は選手に対して『後輩の意識を持って接している』といつも言っていますが、そう思えなければ無理です。ある意味、先生でなければ。ラグビーの時間だけ居ればいいという意識ではとても無理だと思いますし、そんなに簡単ではありません」

北島忠治の逝去以降、20年近くに渡って噛み合わなかった歯車が丹羽前監督、そして現在の田中体制によってようやく整い始めた。それを継続できる人材が適切であると考えている。

事実、御大と呼ばれた北島忠治の死は明治大学ラグビー部に混乱をもたらした。後任選びにも一貫性がなく、監督が不在の時期さえあったほどだ。こうした混沌とした時代を経て、丹羽体制から田中体制へと滑らかに移行できたことは、チームの強化そのものを間違いなくスムーズにさせた。そして丹羽、田中の両者に共通にするキーワードが、田中の言う〝明治愛〟と〝学生の指導は仕事ではない〟という意識なのかもしれない。田中はさらに続ける。

「選手側にしてみれば大事な4年間で、4年生からすれば最後の1年になりますから、そこで明治大学ラグビー部に対して情熱がない人が来るのと、明治大学ラグビー部をなんとかしたいという思いを持った人が来るのとでは全然違います。選ぶ側はしっかりと責任を持ってやっていかなければいけないところですよね。

結局は、ラグビーを通しての人間教育が大切なんです。どんなスポーツでもそうだと思いますが、競技を通して人間教育をできない人は、おそらく良い指導者ではありません。その逆の意味では僕自身、（サントリー時代に）エディー・ジョーンズさんから多くのことを学びました。ラグビーを通して厳しさや準備の大切さを教わりましたし、エディーさんに限らず、これまで自分を成長させてくれたコーチや監督は、ラグビーのことだけではなく、コミュニケーションを取る際に『お前のこういうところがな……』などいろんな話をしてもらえました。結局、そういうものがすごく大事なんじゃないかと思います」

愛、情熱、人間教育――。選手を成長させ、チームを存在感のある、愛されるクラブにするためには絶対に欠かせない要素だ。

もちろんそれだけでは十分ではない。スキルのレベルアップやチーム戦術の整備、ウエイトトレーニングや食事によるフィジカル、フィットネスの向上なくして勝利に到達することはできない。心と身体、その両輪が噛み合ってこそ、本当に強いチームへと生まれ変わっていく。

「両方がうまくいくと、選手は主体的になっていくんですよね。最初は強制力を働かせたとしても、徐々にうまくアウトプットできるようになってくると、『自分は変われたような気がする』とか『チームが良くなった気がする』と感じて、指導者側が何も強制しなくても、自分たちでお互いにできていないところを言い合えるようになってきます。走るトレーニングでも、中間のラインをきちんと越えずに折り返してくるのが当たり前だったチームが、そういう選手がいたときに『ちゃんとディシプリンを守ろうぜ』と言うんですから。選手が、それが大事だということを理解して主体的になってきている証拠ですよね」

監督はチームの象徴であり、その役割と存在は限りなく大きい。しかし仮に監督交代の時期を迎えたとしても、チーム全体に当たり前のことを当たり前にやる文化が引き継がれていれば、そして新監督に愛と情熱を持った人物がやってくれれば、明治大学ラグビー部は間違いなく、太く真っ直ぐな芯が通ったチームであり続けられるだろう。

第5章

創造

――日本ラグビー界への貢献と明大イズムの継承

リクルート、選手獲得の組織運営

明治大学ラグビー部には一体、どんな未来が待っているのだろうか。かつてのような黄金期を再び迎えることができるのか、それとも2018年度に達成した22シーズン振りの大学日本一が一夜の夢に終わるのか。それはすべて、これからの活動、運営にかかっている。

その重要な役割を担う一つがリクルート、選手の獲得である。北島の逝去によってクラブそのものの規律がそれまでのようには保てなくなったこともあり、一時期、有望な新入部員の獲得が難しくなった時期があったと、自身もセレクターとして活動していた丹羽は明かす。

「要するに明治には悪しき風習みたいものがあったので、常にご縁のある高校はあっても、それ以外の学校の生徒はなかなか希望してきませんでした。ましてや当時は入試制度も遅かったので、明治に落ちてしまうと次の大学を受けられない。それに他の大学がグラウンドを整備するなどトレーニング環境を整えるなかで、明治はどんどん置いていかれて、希望者が減っていきました。それまでは腕を組んで黙っていても選手が来てくれたような感じはありましたが、そうではなくて僕らから頭を下げに行く必要性があったんです」

こうして、北島が亡くなった翌97年から新入部員獲得のための組織を整えていった。全国を北海道、東北、関東、東海、関西、中四国、九州の7ブロックに分け、セレクターを配置。OB倶楽部幹事長の御園によれば、「彼らが地元のチームを見て回って情報を東京に集約し、監督は監督で先を見据えたときに、どのポジションにどういうタイプの選手が必要かという構想を作っていく」という形が取られるようになったという。丹羽も、この新戦力獲得のための組織整備はチームを強化していくうえで、欠かせないものであると断言する。

「明治は高校のトップ級の選手を取り過ぎだとよく言われますが、『この選手が2年後に抜けるから、このポジションの選手を取ろう』とか、『この選手は（高校で）キャプテンをやっているから何年後かに中心選手になるだろう』とか、そういったところを総合的に判断しながら選手を獲得しています。そのために、有望な選手は中学生のときからきちんとしたリサーチを行っていて、（箸本）龍雅なんかも中学生の時点であのくらいの身長の選手で、監督ともよく会話をして、明治を希望してくれた。決して肩書きだけを重視しているわけではなく、莫大な量のリストのなかから、明治でラグビーを続けていけるかという人間性まで含めて総合的に判断している。松橋周平（市立船橋）も無名校ですけど、いまや日本代表にも選出されました。明治は学業との両立が必要で、練習も早朝に行われますから、相当に高い意識を持っていないとやっていけないんです」

また毎年3月を目処に行われているスプリングスクールも、新たな部員の獲得に大きく貢献している。これは2014年度から開始され、全国から50~60名の高校生が八幡山に集まり、実際に練習に参加することでチームの雰囲気や歴史を感じてもらおうという趣旨のもの。そこからも将来の明治を支える選手たちが数多く生まれてきている。

キヤノンイーグルスのＧＭを務める永友も、明治のリクルート整備を高く評価する一人だ。

「高校日本代表ではない選手たちも発掘しているところが、明治が大きく変わった要因の一つでもあるとすごく感じますよね。そういった選手たちと、高校日本代表やジュニアジャパンに選ばれた選手たちが競争していくわけですから、それも選手が伸びていく一つのポイントだと思います。そういった環境も素晴らしい」

ただし、まだまだリクルートに関する整備は続けていかなければならない。ＯＢ倶楽部会長の江頭は、リクルートが〝属人的〟になってはならないと強く警鐘を鳴らす。

「セレクターだけに限りませんが、あの人しかできない、あの人だからできるとはならないようにしないといけません。いま現在は組織としてきちんと動いていますし、リクルートに関しても監督である田中が一緒に回ったりしていますので、正しく引き継がれていると思います」

組織運営の向上にゴールはない。正しいものは引き継ぎ、問題の火種が見つかれば、それが大きくなる前に沈静化させていく。特にリクルートはチーム強化を目指すうえで、根幹となる要素の一つ。今後もあらゆる視点でチェックを重ねながら、発展を目指していく。

ラグビー部、ＯＢ倶楽部、大学が三位一体となって改革を推進

ラグビー部、ＯＢ倶楽部、そして大学本体の関係性が良化したことも、明治大学ラグビー部の組織運営が整っていった大きな要因の一つである。

１９９６年に北島が亡くなったあと、ＯＢや当時の指導者が起こした不祥事、それに伴うゴタゴタによって、大学側のラグビー部に対する信用は地に堕ちた。８年にわたってＯＢ倶楽部の幹事長を務め、現在は同倶楽部の副会長の任にあたる渡邉は言う。

「そういったいざこざがいろいろとあって、大学のＯＢ倶楽部に対しての信用はゼロだったんですね。ＯＢ倶楽部できちんと決めたことがあっても、大学側に認められない時期が長く続きました。そこを解決するために我々が一枚岩になっていることや、役割そのものを信用してもらうのにかなり時間がかかりました」

渡邉と同時期に長くＯＢ倶楽部に携わり、２０１７年度まで会長職にあった鈴木も同様の苦労を味わった。バラバラな関係になってしまっていたラグビー部、ＯＢ倶楽部、大学の関係をいかに密なものにするか。そこに気を配らなければならなかった。

「風通しよく意見をぶつけ合って、ラグビー部自体が強くなるための方策というところには腐心しま

したね。ＯＢ倶楽部としてもいろんな行事を行ったり、選手ともコミュニケーションを図ったり。また、ラグビー部を通して少しずつ大学側に相談や意見をできるようになってから、大学側も随分と変わるようになってきました」

こうして徐々に関係性の修復を図っていった成果が、２０１３年度の丹羽の監督就任という形で結実する。ＯＢ倶楽部が複数の候補のなかから丹羽を大学側に推薦し、それを大学側が承認するという〝正しい筋道〟によって新監督が決まった。ＯＢ倶楽部の幹事長を務める御園は、当時を次のように振り返る。

「監督を大学に推薦し、それが承認されて現場に落とすという本来あるべき流れにようやくなりました。そのスタートが丹羽で、だから丹羽はそれまでにない苦労をした部分もあるんですよ。他の部であれば、大学との折衝に関して、こういうときはどこそこの部署に行けばいいとか、こういうときはあの人に頼めばいいみたいなものが大体あるわけです。でもそういうものが一切なかったから、一つひとつの関係性を掘り起こしながら、学生と向き合っていったというのが丹羽の苦労したところ。そうやって大学との関係性が緊密になったという意味では、北島忠治先生が亡くなってから20年以上経ってようやく新しいラグビー部になったなと。彼は大変だったと思いますが、やっと正しい形になったのかなという気はしますね」

ＯＢ倶楽部の副幹事長である松本秀夫は、「現在は現場と大学とＯＢ倶楽部が、がっちりとスクラムを組めている状態です。ＯＢ倶楽部は現場（現役）を支援・応援し、奉仕する外の組織で、部は明治大学のラグビー部ですから」と話す。それぞれの任務にあたる各個人が役割を果たし、〝ワン・チーム〟になれたからこそ生まれた大学との良好な関係性。これからも新たな問題や課題に直面するときがあるだろうが、だからこそ建設的で良質なチーム運営によって、ラグビー部、ＯＢ倶楽部、大学が三位一体となった関係性を築き続けなければならない。

引き継いでいくべき「前へ」の意味とは――

明治大学ラグビー部には高らかに宣言されている、３つの〝精神〟がある。

・フェアプレーに徹する
・何事にも正面から真摯に立ち向かう
・潔く全力を賭しその責任を全うする

これらが明治ラグビーを象徴する「前へ」に通底する部分であり、クラブの根幹を何十年という長い年月をかけて作り上げた〝北島イズム〟そのものである。現役時代に北島から直接指導を受け、いま現在も「親父」と呼び、かつての師を慕うOB倶楽部幹事長の御園はその意味を次のように解説する。

「『前へ』にはたくさんの意味が集約されていますが、本当のことを言えば、親父がサインを頼まれたときに『前へ』とは書かなかったんですよね。だから僕らも直接、言われたことはありません。だけれど、僕らが親父から習ったのは『フェアプレーに徹して、ずるいことはするな』、『逃げずに自分の責任を果たせ』、『自分が負った責任は何としても解決しなければいけない』ということです。自分が背負ったものなんだから、潔く立ち向かって解決しろと。だから、タックルから逃げる選手はいらないというのが、僕らが聞いてきた教えです。それに親父が一番こだわっていたのは、フェアプレーなんですよね。これ以外に僕はないと思います。

やはり時代によって社会もラグビーも変わっていきますが、それでも100年近く前から僕たちが受け継いできて、これからの100年も引き継いでいかなければいけないのは、フェアプレーの精神だろうと僕は思っています」

多くの著書に書かれてある通り、北島は汚いプレー、フェアネスを欠いたプレーを嫌悪した。ラグビーは大男たちが狭いスペースのなかで激しくボールを奪い合うため、審判の目を盗み、ルールから逸脱する行為を犯しても見逃されやすいという側面がある。それでも、あくまでフェアプレーに徹し、自身に課せられた責任を全うすべく、何事にも正面から立ち向かう。それはラグビーという競技に限らず、生き方そのものにも通じる崇高な教えでもある。

明治大学ラグビー部が存続する限り、決してなくしてはいけない精神は北島が亡くなって20年以上が過ぎたいま、どのように引き継がれているのだろうか。実は現在、新入部員に向けて、入寮したその日に「前へ」や部歌、紫紺のジャージーにあしらわれたペガサスのエンブレムの意味などを伝えるオリエンテーションが、2014年度から継続して行われている。当時の監督である丹羽と親交のあるOB倶楽部副幹事長の松本が発案し、意識やカルチャーから改革すべく丹羽も「是非やりましょう！」と同意してスタートした。松本は、その意図を次のように説明する。

「いまの現役選手は、北島先生がお亡くなりになったあとに生まれた選手たちで、我々のように北島先生がご存命のときに指導を受けた者からすると、生まれる前の監督の話になってしまうんですよね。だから我々OBが歴史と伝統をきちんと話すことを怠ると、せっかくの歴史ある財産から何も学ばないチームになってしまうという危機感があってスタートさせました。

そもそも『前へ』という哲学は、いまの近代ラグビーに対して手枷足枷をはめるようなものでは全くありません。ラグビーという競技の性質上、どのチームにとっても『前へ』は基本中の基本で大事な要素。それでもあえて明治が『前へ』を哲学としている意味や基本を伝えることで、毎年のチームが作る新しいラグビーに照らし合わせて、いかに『前へ』について考えるかという機会を設けているだけなんです。北島先生が提唱した『前へ』はラグビーだけでなく人生にもつながる話で、そういう

明治大学ラグビー部　部歌

2018年3月10日　　文責：Ｓ６０ 松本秀夫

ルビコンの流れ　勇姿を宿し　　天山の嵐　将星を磨く
知るや駿台　ラグビーの戦士　　球蹴れば空鳴り　球落つれば地揺らぐ
勝利は我にあり　勝利は我にあり　　バーシティ明治　バーシティ明治　バーシティ明治

今から９２年前の１９２６年（大正１５年）に明治大学ラグビー部部歌は誕生した。
作詞は当時の柳主将が政治経済学部の村瀬武彦教授に依頼して誕生した。村瀬教授は英国への留学経験があり、国際感覚のある人物だったと思われる。世界史や国際感覚があったからルビコンや天山やバーシティなどの歌詞が生まれたと考えられる。大正15年に作詞されたものは下記である。

ルビコンの流れ　勇姿を宿し　　天山の嵐　将星を磨く
知るや駿台　ラグビーの戦士　　球蹴れば天鳴り　球落つれば地おののく
勝利は我にあり　勝利は我にあり　　バシチーメイジ　バシチーメイジ　バシチーMEIJI

作曲は当時宮内省雅楽部長入江氏の尽力との記録がある。当時武井守成（タケイモリシゲ）が式部官兼楽部長におり、実際の作曲に尽力されたと思われる。同氏は日本のマンドリン・ギターの父と言われた人物で、ラグビー部と同じ1923年に設立された明治大学マンドリン倶楽部にも多大な影響があった作曲家である。この作曲の収まりを考慮して現在の歌詞を作ったのが商学部教授の春日井薫氏だった。春日井教授も欧米に留学経験がある国際派で、後に学長に就任した。春日井教授は、音符に合わせて手を加えたようである。春日井教授は昭和4年、北島忠治主将の卒業記念にカエサルの進軍の勢いを表わすＶＥＮＩ・ＶＩＤＩ・ＶＩＣＩ、来て見て勝った！という言葉を卒業記念にメダルにして贈ったラグビー部長でもあった。従って、明大ラグビー部部歌は・・・
作詞：村瀬武彦・春日井薫　作曲：宮内庁雅楽部・武井守成が正解と思われる。

作詞：赤神良譲　作曲：武井守正という記録もあるが、赤神教授は当時の初代ラグビー部長であり社会学者。部歌を作ることに尽力はしたかもしれないが作詞はしていない。武井守正は守成の父親であり、部歌誕生の1926年に亡くなっている。江戸時代に武士で、明治時代に政治家に転身した作曲とは程遠い人物である。

「前へ」

北島忠治先生の哲学が凝縮された言葉が「前へ」である。先生がこの言葉に理屈を並べて指導しなかったことが哲学としての奥深さを作り上げた。

シンプルな哲学であればこそ「前へ」に全力で向き合い、それを現役時代のラグビーと、その後の人生に実践させる努力をした者が北島忠治先生の境地に近づくこととなる。

「自分で考え自分の判断で行動する。」先生の「前へ」の哲学で多く語られた。「前へ」の解説を細かく聞いた人間は存在しない。如何様にも解釈できるから哲学なのだ。自らの心と頭で向き合うことが「前へ」の入口である。

なお、以下に記す文章に文責者の私見はなく、先生に関する数多くの文献や映像、多くのＯＢや関係者の解釈を纏めたものである。

1996年、95歳で天寿を全うするまで67年間、明大ラグビー部監督であった先生が昭和4年に監督に就任して以来一貫して選手にいい続けていた言葉、「前へ」。短く明快で奥深い言葉だ。

勝利よりもラグビーをする人間の成長を愛する精神、それは北島イズムと呼ばれた。

北島忠治先生は負けん気の特に強い指導者だったが、勝て！と言ってしまえば若者のスケールを小さくし、策に溺れれば成長の基礎がおろそかになる。だから勝てと言わない稀有な指導者だった。試合においては当然に負けん気の強い選手を起用していた。

相手ゴールに最短距離で進む。最短距離を進めば相手の抵抗力も強くなる。それを強靭な体力とスピードで真っ直ぐ突破する。厚い壁を打破する心と体の強さを紫紺の若者を選択する基準としていた。このシンプルな基本にこだわることで、スケールの大きな基礎力の高い若者を社会に送り出す事が先生の教育理念であった。

ボールを持ったら躊躇するな。自分で判断せよ。逃げたりためらったりしなければ失敗しても構わない。それらが「前へ」を支える大原則となっている。
この大原則は決してラグビーだけのものではない。先生は67年間ただ監督であっただけではない。人間としての生き方をラグビーを通して若者達に教えた、心の教育者でもある。
先生は「前へ」という言葉を人生に置き換えて使っていた。
「何事にも正面から立ち向かい挑戦する」
そういう若者を世に送り出すことを根本に据えていたのだ。
先生には「思い切ってやれ」という口癖があった。逃げたりためらったりするなら思い切って一歩でも前に出て身を挺してボールを生かす。後に続く１４人はその一歩を無駄にせず思い切って「前へ」を繰り返す。逃げることや小細工を潔しとはしないのだ。躊躇は前への哲学の妨げになる。

ラグビー試合後のチアー「エール交換」(2018/3/10)　文責：Ｓ６０・松本秀夫

Three cheers for MEIJI university rugby football team!
.hip! hooray!　hip! hooray!　hip! hooray!
cheerとは祝福や喝采を指す言葉で、それ自体に意味はありません。
「明治大学ラグビー部に三唱します！いいぞ！いいぞ！いいぞ！」
というニュアンスです。

福田君の前途を祝して万歳三唱します！　万歳！　万歳！　万歳！　は、
Three cheers for Mr.Fukuda!　hip!hip! hooray!　hip!hip! hooray!　hip!hip! hooray!
と、英訳します。実際に欧米の映画にhip!hip! hooray!というセリフが出てきた時に、字幕では、「万歳！」となっています。古い言い回しではありますが現在も使われています。

英語で万歳やエールに当たるのは「hip! hip! hooray!」です。
「hip! hip! hooray! MEIJI!」は「ヒピップ！フレイ！メイジ！」と発音します。
「イイゾ！メイジ！」ってとこです。乾杯も英語圏では「cheers!」と言います。喜びや祝福を表す喝采の単語です。従って、good!を表す親指を立てる仕草で、振り上げる動作です。
ちなみにhoorayは応援団の「フレー！」と同じです。
ラグビーのルーツ校・慶応はhip!hip!を1拍の中で収めているから「ヒピップ」と聞こえるのです。正式な英語ではそうなります。

万歳は元々中国の千秋万歳という古い言葉からきた、皇帝の寿命は1万歳の万歳です。深い意味はありません。掛け声なのです。

ちなみに、神輿のワッショイという掛け声は、人の和を背負うから、和をしょう、ワッショイという俗説があります。せいや！は、勢や！で、勢いを表わしているという俗説もあります。要は祝福や喝采の空気が大切なのです。
（喝采＝声を上げて称えるの意）

今のラグビーのチアーが整列して拳を前に出して寝かせた親指を立てる・・・と少々儀礼的な感じで、本来の主旨や魂と違う方向になっています。明治は本来のチアーに2年前から戻しています。溌剌と大きな声で敵味方なく、ノーサイドの精神で、相手に敬意を持ち、喝采を贈るのがラグビー精神でのエール交換です。小さな声で形式的に行うのはラグビー精神に反すると心に刻んでください！

明治大学ラグビー部　エンブレム

明治大学ラグビー部の象徴であるエンブレムは
ペガサスをモチーフにデザインされています。
常に天上に輝く月と太陽をペガサスの上に冠し、
縦読みで漢字の「明・治」を表わしています。

ペガサスはギリシャ神話に登場する有翼の白馬です。
天上の星座ともなり、ローマ時代には「不死」の象徴ともなりました。

天空を縦横無尽に駆け巡る唯一の天馬であり、傲慢を嫌うと言われています。

ペガサスの語源は「水源を掘り当てる者」という意味で、
そのためしばしば泉と関連付けられ、繁栄に繋がるとされています。
流した涙、あるいは蹴った大地から泉が湧き出るとされ、
ペガサスの蹄のあとに泉が沸き、
そこに勝利の女神が集うといういわれもあります。

ペガサスは気性が荒く、乗りこなすことは不可能で、
自らが認めた者以外は容赦なくその背から振り落とすとされています。

不死の荒馬ペガサスに認められ、
乗りこなす勇者として紫紺のジャージを纏い、
縦横無尽に芝を駆け、
勝利の女神と繁栄を引き寄せてほしいとの願いが込められています。

２０１８・３・１０　文責　Ｓ６０　松本秀夫

哲学のあるチームに入ったことによって『前へ』とより深く向き合うというか、そういう機会にしてほしいと思っています。それに加えて、部歌やエンブレムの意味を理解することも、明治大学ラグビー部に対する愛情が深まる効果があると実感しています」

このオリエンテーションは新入部員だけでなく、彼らの保護者も同席して行われる。それはリクルートや、次世代を担う未来の選手たちへもつながり、継承されていくという効果もある。

「高校生が入りたいと思えるようなチームでありたい。そのために何ができるかということを念頭に置いています。親御さんも一緒に聞いていただき、自分の子どもがどういうチームに入ったのかをしっかりと理解してもらうことで、『こういうチームで4年間鍛え上げられていくんだ』『立派な社会人になってほしい』と思ってもらえれば嬉しいですね。また、この話を聞いた選手たちが『明治のラグビー部は素晴らしいよ』ということを卒業した高校に言ってもらえるだけでも、リクルートは全く違ってくると思います。もちろんそれを狙って行っているわけではありませんが、結果として、そういう選手が一人でも多く入部してほしいと思っています」

そもそも「前へ」はラグビー関係者やファンばかりでなく、一般にも広く浸透した言葉である。これほどシンプルな哲学を是として存在しているチームは他になく、明治のラグビー部に入り、「前へ」と4年間向き合えるのは幸せなことなのかもしれない。松本は言う。

「だからこそ『前へ』と向き合うことはすごく大事ですよね。昨年、大学日本一を達成した福田健太主将のチームは『Ｅｘｃｅｅｄ（エクシード）』というスローガンを立てましたが、そのベースにも『前へ』があると思います。毎年のスローガンはそのときのチームに必要なものが表現されるわけですが、それも『前へ』の解釈をハイブリッドにしたり、ブラッシュアップしたりして、そのチームが作られていけばいいものなので。そういった余地があるのも、頭ごなしに何かを言うことをしなかった北島先生の大きな度量がいまでもチームカラーとして残っている証拠かなと思います。それも本当に財産ですよね。現在は田中監督からの発案で映像・画像を使って、説明を簡潔に修正して実施しています。旧国立の6万観衆の画像等も見せ、どんな歴史のチームに入部したか、明確にイメージしてもらっています」

「前へ」が明治ラグビーの財産になるという意味では、ＯＢ倶楽部会長の江頭も同様の見解を持っている。

「『前へ』という単純な二文字の言葉ですが、これが財産だと思います。この言葉をみんながいろいろな解釈をしながらポジティブに捉えている。プレーで解釈しても大きくブレないし、精神論に取り直しても大きく変わらないし、社会人になっても人との接し方を含めてブレないものがある。北島先生が作ってくれたものですけど、やはりラグビー部の核となるコンセプトはこの『前へ』という言葉に集約されていますので、我々ＯＢ倶楽部を含めて伝承していくことが重要だと思います。これが明治大学ラグビー部の意味です」

疑いようのない、継承していくべき財産を保有する明治大学ラグビー部。それが有形のものではなく、無形の哲学だという点に大きな意味がある。時代ごとに語り継がれ、プレーや態度で表現され続ける限り、「前へ」の灯は決して消えることはない。

敗戦を〝ただの敗戦〟にしない

では、田中澄憲が監督として率いる現在のチームは「前へ」をどのように捉え、実践し、チーム作りに活かそうとしているのか。自身が3年生のときに北島という大きな存在を亡くした田中は、御大と呼ばれた師のイズムを次のように捉えている。

「やはり何に対しても全力を尽くすということだと解釈しています。ラグビーに対しても、仕事に対しても、自分の弱さや困難から逃げずにチャレンジしていくというのが、僕は北島イズムではないかと。『前へ』の意味もOBの間では、なんとなく一致すると思いますよ。『前へ』って何ですか？　と聞かれて、とにかくFWで前へ行くことだって答える人はあまりいないんじゃないかな。やはり逃げないこととか、正々堂々と生きることとか、そういう感じの答えが返ってくるんじゃないかと思いますね」

22年ぶりの大学日本一を達成した2018年度シーズン、田中は一度だけ選手たちに「前へ」の意味を説いたことがある。12月の明早戦に敗れ、対抗戦2敗目を喫し、チーム全体の雰囲気が沈んでいたときのことだ。その先に待ち構える大学選手権に向けて、手綱を締め直す意味があったのかもしれない。

指揮官はミーティング会場に集まった選手たちを前に、北島の肖像画を見せながら、明治に継承されてきた哲学を伝えることで、チームが本来あるべき姿、態度を取り戻そうとした。

「そのときに伝えたのは、明早戦に負けてどうこうではなくて、そこからどう成長するか、次に自分たちがいかなる行動をとっていくのかが問われるクラブだよねという話です。やはり明治大学ラグビー部である以上、みんなにはその血が流れているから、それでいくしかないよねと」

そして、それは間違いなく選手たちに伝わった。当時、キャプテンを務めていた福田は「前へ」をこのように捉えている。

「『前へ』は哲学の言葉で、人それぞれ捉え方が違います。僕が感じたのは、紫紺を着て4年間プレーするということの意味。いかなるときでも、負けたときでも落ち込むのではなく、前を見てやり続けていくことが、本当の『前へ』の意味だと思う。北島さんはそういう哲学を教えたんだと思います」

第3章にも記したように、明治はここから復調していく。4年生を中心にチームのまとまりが一気に高まり、強豪校との接戦を驚異的とも言える勝負強さで勝ち抜いて、大学王座の奪還に成功した。

このシーズンの対抗戦は早稲田だけでなく、慶應にも苦杯を舐めさせられたが、田中は敗戦をただの敗戦で終わらせない、そのことにも意味を見出す重要性を伝えたかった。

「負けることが決していいというわけではありません。僕も4年生のときの大学選手権の決勝戦で負けて、やはりすごくショックでした。そこから立ち直るために時間もかなりかかりましたが、それによって得たものや、『なぜ負けたのか』を考えたときに気づいたこともあります。それは経験しないとわからないものですから。そういうことの必要性というか、負けを経験するのもありなんじゃないかなと。それが人生ですからね。

結局はラグビー選手ではなくなったあと、人生でも勝ち負けはあるじゃないですか。だから負けたときに、次はどうするかと前向きに考えられるようになれるかどうか。ネガティブになって落ち込んでも何もいいことはないので、いかに前向きに捉えて、次に向けて立ち直っていくかということが社会に出てからも本当に大事なことだと思います」

前監督で5年間チームを指揮した丹羽も、同じ見解だ。

「北島先生の教えや『前へ』は生き方そのものだと思っているし、明治でラグビーをして、大学というものに触れて、社会に出るまでのこの4年間をいかに大切にできるか。社会に出てカベに当たったときに乗り越えたり、ぶち壊したりできる強い精神を、ラグビーを通じて養っていってほしい。それが社会でも評価されるし、それをやりきったときに初めてチャンピオンというものがついてくると思っています。最近は、大学ラグビーは選手の成長を止めるんじゃないかとよく言われますけど、それでも成長する選手はしますから、これからも成長できるだけの環境を作っていかないといけないですよね」

現監督の田中が現役だった当時、「そのときに流れていた空気は間違いがなかった」と言うように、八幡山の練習グラウンドは強い緊張感に支配されていた。いまよりも圧倒的に上下関係が厳しいなかでも、グラウンドに立てば学年に関係なく、強くてうまい選手が上に立つというヒエラルキーが存在し、だからこそ「この選手だけには絶対に負けられない」というハートが磨かれていった。

現在では当時ほど先輩、後輩の関係性は厳しくなく、穏やかなものにはなっているが、グラウンドでの緊張感はチームを成長させるうえで絶対に欠かせないものだと、田中は言う。

「緊張感というのは悲壮感ではなく、チームを良くするために、自分たちが成長するために、お互いが真剣に言い合うとか、自分の思っていることをしっかりと伝えるとか、そういう緊張感はやはり必要なんじゃないかと思います。もちろん楽しくやるのも大事ですが、軽いというのとはまた違いますからね。北島監督は明治大学ラグビー部の理念を作られた方で、これは変わることはないわけですから、本当に偉大さを感じます」

理念、哲学、グラウンドでの緊張感――。いずれにせよ、そのすべてが明治大学ラグビー部の根幹を成し、チームを強くさせていくことは間違いない。

日本ラグビーへの貢献――明治ができること

1923年の創部以来、関東大学対抗戦優勝16回（リーグ戦と対抗戦にわかれた1967年度以降）、全国大学選手権優勝13回を数える明治大学ラグビー部。2023年には創部100周年を迎えるこのクラブが、長い歴史のなかで、日本ラグビーの発展という意味で果たしてきた役割は大きい。ラグビーワールドカップ2019の開催やプロ化構想など、新たな動きを見せる日本ラグビー界に、明治はどんな貢献ができるのだろうか。

監督就任以来、多くのファンから声援、応援を受けるようになり、改めて大学ラグビーの魅力、良さを実感するようになったという田中は、明治というクラブのポテンシャルを次のように語る。

「明治は大学ラグビーの魅力を発信できるチームだと思います。伝統があって、コアなファンも多く、それに伴ったスタイルも持っていて――それは早稲田や慶應も同じではありますが――ラグビーファンだけではなく、いろんな人を元気にできるチームなのではないでしょうか。そういう意味ではラグビーの盛り上がりに少しでも貢献できるんじゃないかと。昨シーズンの優勝はそれを本当に実感しましたね」

実際に、昨シーズンの決勝の天理戦では多くの明治ファンが会場である秩父宮ラグビーを埋め尽くした。試合前に高らかに校歌を斉唱したシーンは感動的ですらあり、それは間違いなく、明治の勝利を後押しした。OB倶楽部の会長である江頭も、田中と同様の見解を持っている。

「明治というチームは、大学ラグビーの魅力を伝えることが大事で、そのことが結果として、日本ラグビー界の貢献へとつながるんだと思います。プレーに対して真面目であったり、身体を張ったり、そうやってファンの皆さんに感動を与えていくことが明治ラグビーの本質。すべてのスポーツにはそれぞれの感動があると思いますが、ラグビーも見る人に感動を与えなければ、ファンは増えていかないのではないでしょうか」

現在、ラグビーに限らず多くの競技がプロ化を図り、競技そのものを魅力的なコンテンツとして提供することで、その裾野を広げようとしている。だからこそ、アマチュアスポーツ、学生ラグビーの魅力がより際立ってくると、OB倶楽部幹事長の御園は言う。

「ラグビーで言えば明早戦が顕著で、明治は早稲田のことを知り尽くしているし、早稲田も明治のことを知り尽くしている。そのわかり合っているところをぶつけ合ったうえで、勝敗を競い合う。そこには金銭も対価も発生しませんし、あくまで名誉だという点が魅力ですよね。少なくとも学生ラグビーはそうでなければならないと僕は思います。

そして昨年、明治は海外からの留学生がいないチームでも勝てるということを証明しました。だからこそ〝できる〟ということを追求していくことも必要で、明治は近代プレーを盛り込みつつも『前へ』で行くんだという姿勢を見せていってほしいと思います」

また、そのうえで、対戦校への敬意も忘れてはならないと、ＯＢ倶楽部副幹事長の松本は言う。

「ルーツ校でライバルの慶應、永年、鎬を削り続けるライバル早稲田をはじめ、創部から定期戦を戦う各伝統校に加え、９連覇を成し遂げ、現日本代表の骨格を成す選手を輩出する帝京に敬意を持ち、また、課題を与え続けてくれるすべての対戦校と今後もノーサイドを重ねていこうという心を、ＯＢ倶楽部としては常に共有しています」

ライバル校とは、お互いに成長を促し合う存在でもあるのだ。

日本代表の強化＆日本のラグビー界をいかに活性化させるか

田中は、明治大学ラグビー部は日本ラグビーにどのように貢献できるかという質問に対し、「おこがましいというか、そんなことまでは考えていない」と正直に答えている。その真意は「ラグビー人気が出るためには、日本代表が勝つことが一番。その結果、ラグビー人口が増えて明治に入ってくる選手も増えるといいですよね（笑）」というもの。実はこの回答は、明治の〝御大〟である北島の考えとも相通じる部分がある。ＯＢ倶楽部の副幹事長である松本は明かす。

「私は、北島先生は明早戦に６万の観衆が集まるよりも、日本代表の試合にこそ６万以上の観衆が集まるべきだとおっしゃっていたのを実際に耳にしています。北島先生は大学ラグビー人気というものをそれほど大きく意識していなくて、最終的には日本代表を応援する人がたくさんいるほうがいいんだと。

明治は技術的なことを教えるというよりも、基本や精神を教えているチームなので、明治の選手は社会人になってからどんどん伸びればいいんだというのが、その理由です。社会人になってから伸びて、いずれは日本代表で活躍するのが一番良いという風におっしゃられていました。実際、明治の在学中はレギュラーではなかった選手が社会人でレギュラーとして活躍したり、日本代表になったりするということについて、北島先生はすごく喜んでいらっしゃいました」

２０１５年に行われたラグビーワールドカップ・イングランド大会において、日本代表は南アフリカ代表を破る大金星を含めて、史上初となる大会3勝を挙げ、大躍進。その余韻が２０１９年の日本大会にもつながり、格上のアイルランドを破った。これこそが、北島が思い描いていた理想の姿なのかもしれない。

ただし、日本ラグビー界全体で言えば、まだまだ解決しなければならない課題は多くある。現在、ラグビー部のある中学校はほとんどなく、高校も減少傾向。ラグビー人口が減る現状に対して歯止めをかけるには、やはり日本代表が強くなり、結果を残さなければ、ラグビーが再びメジャースポーツになることは難しい。

「そのなかで、明治出身の選手を日本代表に輩出することに尽きると思います。国を代表するチームに明治のOBがどれだけ参加できるかがすごく大事」（松本）

ラグビーワールドカップ2019では、2010年度卒業の田村優（キヤノンイーグルス）が日本代表の主力の一人として活躍した。天国で眠る北島の本望であり、こうした人材を一人でも多く輩出できるように、明治大学ラグビー部は〝前へ〟と進んでいかなければならない。

明治の将来あるべき姿

「欲を言えば、もっともっと大きなクラブになっていたい」

これは現監督の田中が望む、明治大学ラグビー部の将来像だ。それは予算の規模や施設の充実だけを指すのではなく、〝象徴〟としての存在の大きさを意味する。

「大きなというのは、明治大学を代表するようなという意味ですね。シンボリックなクラブになって、日本の大学のクラブのなかでも、実力的にも環境的にもトップのクラブになっていたらいいだろうなと思います。そのためには大学側の協力も必要で、でも明治には伝統的なクラブがたくさんあるので、簡単でないことは重々承知しています。だから一番大事なのは、常に優勝争いをして、高校生や中学生、小学生が憧れるようなクラブになること。僕もそういう子どもでしたし、子どもたちの憧れの存在であり続けるのが大事になってくると思います」

2017年度のキャプテン古川も、「4年生が胸を張って卒業できるようなチームであってほしい。それを見た人が明治を好きになって、そういう人が明治にきてくれると嬉しい」と口を揃える。

またOB倶楽部会長の江頭も、常に一定の成果を出すことが重要だと強調する。

「プレースタイルを磨き続けて、強い明治であり続けること。もちろん大学日本一が目標にはなりますが、常に上位にいて、常に好敵手がいて、そこで行われているプレーがみんなに感動を与えていく。それが、明治ラグビー部がやらなければいけないことだし、目指しているところだと思います」

そのうえで、北島が目指していた〝人間形成〟〝人間教育〟も重要となってくる。ラグビー選手である前に、一人の人間、一人の学生としての自覚が、明治ラグビーが目指すべき未来へと近づけてくれると、OB倶楽部副会長の渡邉は言う。

「丹羽が意識改革をして、田中が私生活も含めて見本となるような人間になれという人生教育もしている。それを継続していって、大学ラグビーとして模範となるチームであり続けるべきでしょうね。常に決勝に進むとか、そういった目標はあると思いますが、当然そのときどきで強いチームがいくつも出てくるし、なかなか目標通りにはいかないこともあるかもしれない。だからこそ、学生ラグビーとして模範になるような人間を目指すことが大事。北島先生が常々言っておられたのは『学生だからラグビー選手として頂点に立つ必要はなくて、人間として鍛えられることが大切なんだ』ということ。

MURFC
MURFC

そういう意味でも、丹羽は学生の指導を徹底してくれたし、田中も引き継いでやってくれているので、いいと思いますね」

その丹羽は5年間の監督生活において、「最後は学生が指導者を成長させてくれた」と実感したという。指導者と選手、お互いが刺激し合い、高め合っていくなかでチームは基盤を固め、関係性を強固なものにしていった。その結果が2017年度の大学選手権準優勝であり、翌年の大学日本一である。

「そのためには、選手を成長させるためのスタッフの熱、プラン、いろいろな準備、そういったものを整えて、選手たちに常に全力で挑んでもらえるような組織運営をこれからもしてほしいと思います。明治はいろいろなものを背負って、たくさんのコミュニティを作って、ラグビー界全体を引っ張っていけるだけのチームだと思う。そういうことを90年以上もやって積み上げてきたわけですから。それに感謝をしながら、次の時代の未来ある子どもたちに、いまの学生たちがどういった成長を見せていくか。それをやってほしいですね」

丹羽は頻繁に、「明治が日本のすべてのラグビークラブのなかでもっとも愛されているチーム」だと口にしていた。これからも愛され続け、そして新たに明治を愛してくれる人を増やす。そのためには取り組まなければならないことが目の前に数多くあり、その挑戦は始まったばかりでもある。

明治大学ラグビー部、前へ——。

スペシャルインタビュー

圓生正義／勝木来幸／中村駿太／桶谷宗汰／古川 満／福田健太

岡田明久／永友洋司／元木由記雄／神鳥裕之

Interview

主将を務めた1年間は、やっぱり、きつかった

圓生正義

[在籍期間]2010〜2013年(13年度主将)
元ホンダヒート

――キャプテンに指名されたときの気持ちから聞かせてください。

圓生　常にチームを引っ張っていきたいという気持ちはあったので、キャプテンになれるのであれば是非やりたいと思っていました。高校のときから憧れていた大学のキャプテン。重みを感じる一方でプレッシャーもありました。

――キャプテンになって、変えようとしたことは?

圓生　それまであったムードを正していきたいなとは思っていました。

――主に規律に関する部分でしょうか。

圓生　そうですね。規律の部分。それまでは夜更かしする人もいたので、人として成長するために、規則正しい日常生活を送っていこうと。まずはそこから始めようと思いました。

――丹羽新監督体制になったことに関する不安は?

圓生　不安はなかったですね。

――丹羽監督から「キャプテンとしてこうしてほしい」というような具体的な指示はありましたか?

Profile

まるみまさよし　1991年4月10日生まれ、大阪府出身。常翔学園時代には高校日本代表にも選出。卒業後明治大学に進学し、4年時には主将(丹羽監督就任1年目)。卒業後はホンダヒートでプレーし、2019年に現役引退。177cm、100kg、HO。

圓生　それも特にはなかったと思います。「一生懸命やってくれ」「わかりました」といった感じで。ただ、みんなの手本になるようにというのは意識しました。

――圓生さんがキャプテンになったときに一番の問題点だなと感じていた部分を挙げてもらうとすると。

圓生　みんな本気で日本一を狙っているのか？　日本一を目指すための共通のビジョンを持っているのか？　そういう意識の部分ですかね。恥ずかしい話なんですが、自分が下級生のとき、大学選手権で戦っていてもチームのなかに「早く終わればいい」という空気が蔓延していた実態があって……まずはチーム全体で日本一を目指す意識を持てるようにしていかなければならないと考えていました。

――チーム全体で日本一を目指していけなかった理由は？

圓生　下級生のときの環境のキツさ。そういう部分も影響していたと思います『何のために明治に入ったんだ？　こんなことをするために明治に来たんじゃない』という気持ちを当時の下級生は結構持っていたのではないかと。

――雑用が多すぎたのでしょうか？

圓生　洗濯だったり、食事の準備だったり。あとは、上下関係ですかね。

丹羽監督就任で明治に起きた変化

――他にラグビーの中身以外で丹羽監督になって変わった部分で覚えていることはありますか？

圓生　掃除をしっかりやるとか、そういう当たり前のところを整えてくれたことですかね。

――ラグビー自体もFWで圧倒するスタイルから変わったと思うのですが、難しく感じたり、戸惑いはなかったですか？

圓生　難しいとは思わなかったですね。できていない部分が明確になっただけで。パス回しだったり、スキルが足りていない部分が露わになりました。

――もちろん、できていなかった部分をできるようにする練習をシーズン通して続けたと思うのですが、振り返ってみて、最終的な完成度に関してはどう自己評価しますか？

圓生　全然でしたね。丹羽さんが求めている50～60％もいっていないと思います。

――圓生さんがキャプテンを務めていたあたりから、栄養士の山田優香さんが頑張ってくれたこともあって、食事・栄養の面

でも大きな改善が見られたんですよね？

圓生　入学した当初は、正直、結構ひどいなとは感じていました。その後、山田さんが来てくれるようになって、管理人さんと食事面に関して話をしているのは随分目にしていました。

――山田さんは選手一人ひとりと面談していたんですよね？

圓生　ありました。目標値として、体重はこれくらい、体脂肪率はこれくらい、じゃあ、もう少しご飯を食べようか、プロテインを摂ろうかとか、具体的に指示してくれました。

――実際に、食事が改善して、栄養面のサポート体制も整ったことで、身体も変わったのでしょうか？

圓生　変わりましたね。ちゃんと自覚的に取り組んだ選手はみんな大きくなった。それは一目瞭然でした。ただ、まだそういう文化が完全には根付いてはいなかったので、全員とまではいかなかったですが。

――圓生さん自身は4年生になってポジションがHOからナンバーエイトに変わったと思うのですが、丹羽さんは「よりFW全体を広く見てもらうため」だったと説明していました。あるいは、実際には怪我の影響もあったのでしょうか。

圓生　一番の理由は、スローイングが下手だった、そこじゃないですか。丹羽さんがうまく理由づけしてくれているだけですよ。

――怪我の影響は？

圓生　どちらにしろ、しんどかったです。常に痛い状態が続いていたので。

――明治のナンバーエイトは特別なポジションですよね。

圓生　僕が1年生のときのナンバーエイトは杉本（博昭）さんでした。「おれはあのレベルに達しているのか？」というプレッシャーは確かにありました。

怪我を抱えながら過ごした大学時代

――実際のところ、怪我はどういう状態だったのでしょうか。

圓生　左膝前十字断裂。大学2年生のときの春の帝京戦でやりました。そのまま2年のときは試合には出られず、3年生になってリハビリから練習を始めて、痛いまま。3年生でも試合には出ていません。

――4年生のシーズンが始まってからの状態は？

圓生　良くなかったですね。筋トレすらできない日もありました。膝へのケアは毎日トレーナーにやってもらっていました。

――当然、プレーにも影響しますよね？

圓生　ボールを持ってドライブするのを得意にしていたのですが、怪我をする前だったらあと2、3歩いけるところを、怖さもあって、途中で倒れたり、影響は大きかったです。1試合フルで試合に出たら、次の日は全く歩けなかったり、水がたまってしまって……。なので出場時間など、丹羽さんにも配慮してもらいました。

――精神的に苦しいところもあったのではないですか？　キャプテンなのに出られないということで。

圓生　それは、ありました。一番苦しい時間帯にピッチを去らないといけないことが多かったですし。だいたい限界が後半20分くらい。そのタイミングで下がる申し訳なさと、痛さもガンガンあるし、正直辛かったですね。

――夏合宿を終えて対抗戦を迎えた時点では、自信はつかんでいたのでしょうか？

圓生　自信はなかったですね。「結果、出せるのかな？」という感じで不安のほうが大きかった。自信を持つまではやりきれなかった。「よし、対抗戦だ」というような一体感は少なくて、どこか浮ついていたような気がします。メンバーに入れない4年生のモチベーションの問題もあったし、厳しい大学に入ってきたと思っていたのに「厳しくないやん」と秩序がなくなりかけていた下級生の緩みみたいな雰囲気も感じていました。なんだか一体感のないまま対抗戦に入っていってしまった。

――丹羽さんに相談などは。

圓生　していましたね。「悩んでいるのか？」「実はこうなんです」みたいな感じで。

――対抗戦、強豪校相手には難しいゲームが続いた後、明早戦では見違えるパフォーマンスを見せて前半は0対3。何が変わったのでしょう。

圓生　明治に入ったからには、早稲田を倒す。どうしても勝ちたい、とみんなの気持ちに火がついた。割とノリやすい奴らが揃っていたのもあっていい感じで乗っていけました。あのときは練習の雰囲気もすごく良かったです。

――5万人に近い観衆で埋まった旧国立競技場での最後の明早戦。

圓生　グラウンドに出た瞬間に鳥肌が立ちました。その瞬間、かなりハイになりましたね。あの明早戦はゾーンに入った感じでプレーしていた。疲れを感じなかったし、膝の調子も気にならなかったです。

――ただ、後半は0対3から点差が離されていく展開になってしまった。

圓生　僕自身、後半早めに頭を割って、いったん外に出ないといけなくなって、ようやく戻れたら、「もう膝があかん」という状態で。あとを託したのが後輩の松橋(周平)だったというのもあって、僕のなかでは「選手としての大学ラグビーは終わったな」という気持ちになったのを覚えています。もちろん、選手権もあったんですけど、出番は少ないだろうな、と。

――実際、大学選手権の最後の試合となった立命館戦は出場していません。

圓生　スーツを着てグラウンドに立っていました。膝がどんどん悪くなっていたので。試合をすると、その翌週はほとんど動けない。メンバー入りしたときも、何とか試合だけは出るという状況で、チームを引っ張るにはふさわしくないとも思っていました。練習もできていないし、現場感がない状態なので、いくら叫んでも届かない。自分に自信を持てない。シーズンが深まるにつれてガンガン前に出ることを諦めてしまいました。

外から見て感じた下の世代の頑張り

――それでも、チームは大学選手権に入って慶應、東海相手に接戦をものにしました。

圓生　そこは、下級生の頑張りですね。3年生以下のメンバーがメキメキと成長。経験を積んで、形になって。チームとして、下級生が多くメンバー入りしたのは、このチームを作ったうえでは大きかった。

――最後の立命館戦は2点差での惜敗。外からどんな風に仲間の戦いぶりを見ていたのでしょうか。

圓生　硬かったですよね。負けたら終わりというプレッシャーもあったと思います。僕自身がアップ会場でもブレザーを着て先頭に立てない。それまでジャージーを着て「よっしゃ行こうぜ」と言っていた人がいなかったり、いつものリズムで試合に入っていけなかったのかもしれない。そこに立命館が最初からガーッて攻めてきて。そのまま流れを掴まれてしまった。

――立命館はもう2敗で、準決勝進出の可能性はなかった。

圓生　あの後、立命館のキャプテンだった庭井祐輔と話をしたときに「絶対勝ちたかった。ここで勝てなかったらおれらは何にも残せないで終わってしまう」ってすごい気合を入れて臨んでいたのを知って、「気持ちで負けていたんだな」と。

——改めて振り返ってみて、キャプテンを務めた4年生のシーズンはどんな1年だったと思いますか？

圓生　やっぱり、きつかったですよね。やりたいことが、自分自身でできなかったので。首脳陣が代わって、環境が変わって、適応できない人たちもいたと思います。フラストレーションをためて、それを発散できない。やさしい奴らがたくさんいたので、我慢させてしまったのではとも思います。もっとスッキリ、ラグビーがやりたかったですね。

NTTコミ ケーションズ

Interview

「前へ」という言葉は人生すべてにつながる

勝木来幸

【在籍期間】2011〜2014年(14年度主将)
神戸製鋼コベルコスティーラーズ

——勝木選手は、丹羽監督の1年目にキャプテンを務めた圓生正義さんからバトンを受け取ることになったわけですが、率直にキャプテンになるということに関してどう思ったかを聞かせてください。

勝木　引き受けるかどうか、すぐには返事ができなかったですね。伝統あるチームだし、プレッシャーもある。自分でいいのかという思いもありました。高校でキャプテンをやった経験はありましたが、自分ではキャプテンキャラではないと思っていたので。しかも僕らの代は、自分以外にも高校時代にキャプテンだった人間が多かったし、そのなかから選ばれるだろうなと、漠然と考えていました。

キャプテンとして、試合に出られない選手もフォローする

——引き受けた理由は何だったんでしょうか。

勝木　明治のキャプテンはなりたくてなれるポジションではありませんし、信頼されているのかなという思いもあった。人生に1度きりなので、これを経験するのもいいかな

Profile

かつきらいこう　1992年6月12日生まれ、京都府出身。常翔学園では高校日本代表にも選出され、明治大学では4年時に主将を務める。卒業後、神戸製鋼コベルコスティーラーズに加入。175cm、110kg、PR。

と。明治でトップに立つのだから、ちゃんとしないといけないと、覚悟を持って引き受けることにしました。

――実際にキャプテンとしてチームをまとめることになって特に意識したことは何ですか？

勝木　チーム内の競争をしっかりさせながら、試合に出られないメンバーのフォローもしっかりすること。明治に来ている人間の多くは、高校時代までに挫折を味わっていない。明治で初めて試合に出られないことを経験するわけです。スターティングが15人で控えまで含めても23人。部員が100人いて、23の枠に入れない人たちは当然フラストレーションをためる。そういう人間もチームが良くなるためにという考えにもっていけるようにしたいなとは思っていました。どのポジションも確定ではないわけだし、常にレギュラー争いがあるほうがチーム力は上がる。レギュラー陣に慢心を与えないためにも、調子のいい選手を使ってほしいという話は監督にも伝えていました。

丹羽監督もそのあたりはしっかり見ていてくれて、対抗戦の開幕ゲームだった筑波戦で3年までほとんど試合の出ていなかった三橋功太郎が先発したんですが、高校日本代表クラスが揃うなかでもずっと頑張っていたし、調子も上がっていた。レギュラー以外の選手たちにも頑張っていればチャンスがあるというのが伝わったと思うし、チーム内の競争を激しくしていこうという意識はありました。

――シーズンを通して、試合に出ていない選手たちをフォローしながら競争力を高めていく姿勢は貫けたのでしょうか。

勝木　やり抜けたとは思っています。出られないメンバーのフォローはできていたんじゃないかと。僕自身、高校日本代表として明治に入ってきたけど、1年生のときは1試合も出られなかった。「悔しいな」と思う反面、「なんで使ってくれへんのや」という不満もありました。自分の実力がなかっただけなのに、不満ばかり口にしていた。そのときは4年生からのフォローもありませんでした。「そういうのはあかんな」という思いがあったので、出られないメンバーへのフォローもしていたつもりです。

グラウンド外の問題を機にチームがまとまった

――丹羽監督になって、寮生活などでの規律をしっかりさせていくように変わったと思うのですが、そのあたりの変化に関してはどう対応していたのでしょう。

勝木　そのあたりのことは寮長の牛原（寛章）に任せていました。「寮の規則とかは引き受ける」と言ってくれて、僕自身は余計なことは考えずにラグビーのことに集中できた。頼もしかったですね。

――ただ、丹羽監督は「この代は牛原が一生懸命やっても、アクの強い4年生が揃っていて、なかなか大変だった」とも言っていました。

勝木　確かにアクは強かった（苦笑）。良い方向でも悪い方向でも個性的というか、周りに影響を与えるメンバーが揃っていたと思います。

あるとき、グラウンド外の問題だったけど、部員で話し合って決めた部内ルールを破った人間がいて、かなり悩みました。しかも、破った人間を見つけたのがウッシー（牛原）で。ミーティングを開いて、ウッシーが泣きながら、本気で反省を促した。「悔しい」って言って。それからは誰も破らなくなりました。なかには主力もいたけど、丸坊主にして、しばらく試合にも出さなかった。本気で反省したんだと思います。もともと、何度も「4年でまとまろう」という話はしていましたし。

――勝木選手の代の4年生は、3年生のときから主力としてプレーして、1シーズンを過ごしてきた選手が多かった。

勝木　3年生のときはなかなか結果が出なくて、どうやったら勝てるのか、正直悩んでいました。「自分たちのラグビーって、どんなのやろ」って。それでも、大学選手権で、慶應と東海に1点差で勝って、あと立命館に勝てば、国立に戻れる状況まで行ったんですけど、10－12で負け。あのトライも、認められませんでしたからね。

――小澤（和人）選手がグラウンディングしたように見えたプレーですね。

勝木　ようやく、自分たちのラグビーが見え始めたときにシーズンが終わってしまったという感覚で……だからこそ、僕らの代はとにかく勝ちにこだわる、勝ち癖をつけていくことを重視しました。春のシーズンからPGを狙いに行ったり。でもいま考えると、その分ピークを早く持っていくことになっちゃったかなと。シーズン終盤にケガ人が多くなって、ベストメンバーを組めなくなったし、もっと違うやり方はあったかなと思います。

――対抗戦では筑波から慶應まで全勝。全勝対決で迎えた帝京戦では6－37で負け。そして、明早戦は25－37。確かに「ピークを前に持っていき過ぎた」という感覚がうかがえる結果と言

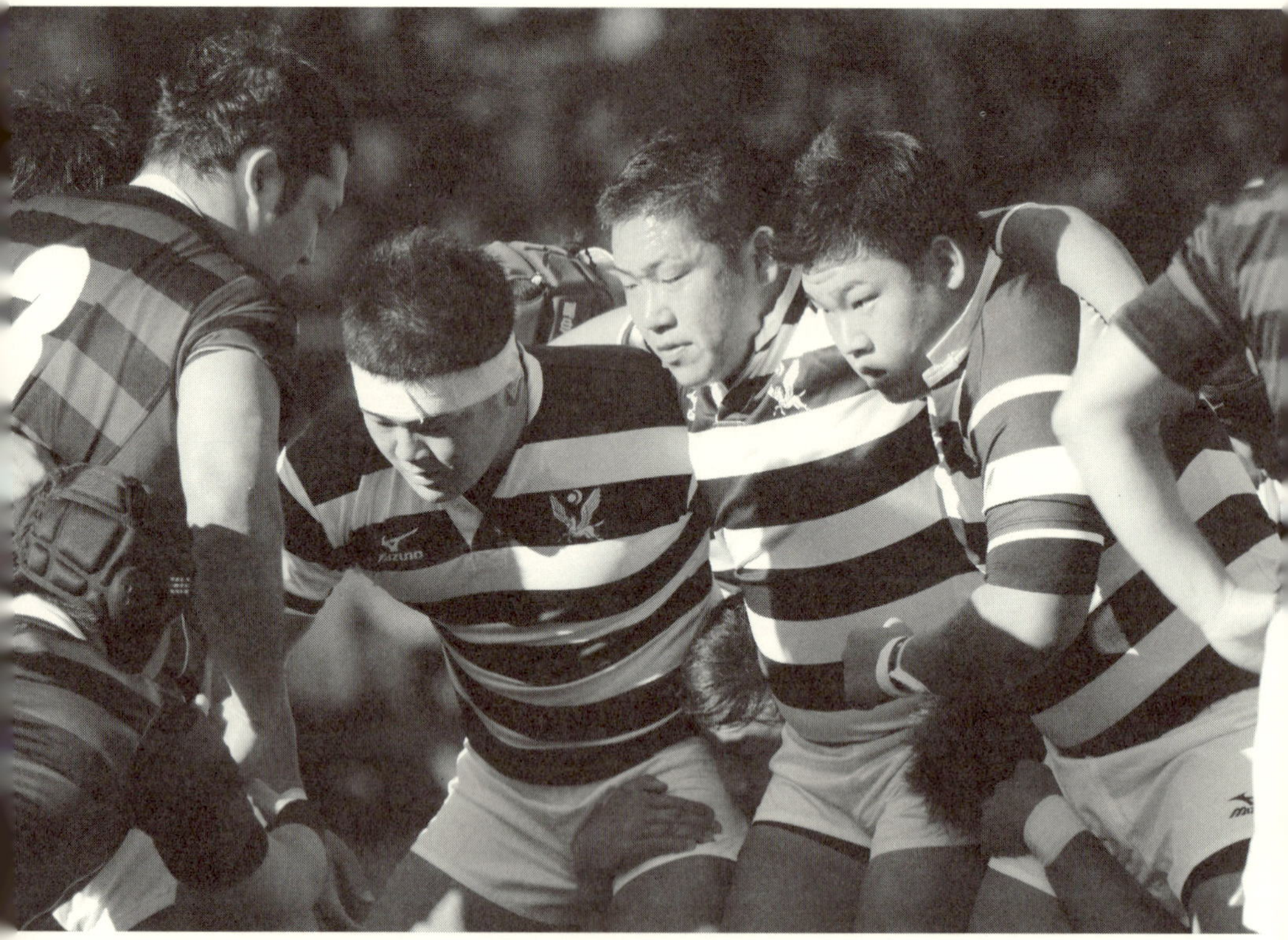

えるかもしれません。

勝木　キーマンたちがケガで出られなくなって……水野（拓人）、（齊藤）剛希、（田村）熙。特に剛希は外に持っていったときに必ずゲインしてくれて、それで波に乗っていくチームだったし、水野はディフェンスに関して、ほぼほぼあいつがカバーしていた。僕はフロントローなのでBKの動きは詳しくわからないから、水野に任せていたんです。キーマンがいなくなって厳しいなというのは正直ありました。

――早稲田戦で負けたあと、大学選手権の初戦は西京極での関西学院戦となりました。そこまでにもう一度、チームをまとめるためにやったことは何でしたか。

勝木　監督に「FWリーダーの平井（伸幸）をメンバーに入れてください」と直訴しました。対抗戦の慶應戦は先発で出たけど、明早戦は出られなかった。それでも常に日々エナジーを練習から与え続けてくれていたし、自分が出ようが出まいが、声を出し続けて、支え続けてくれていた。プライドもある人間だし、絶対辛かったと思う。監督も「4年がまとまっていくしかない」と言ってくれて、それから平井がメンバー入りして、一番信頼している平井の力を借りました。本人には言っていないですけど。

――大学選手権では関西学院、東海に勝って、筑波との決戦を迎えることになるわけですが……。

勝木　厳しいとは思っていました。勝つなら接戦、負けるなら大差で負ける。セットプレーでプレッシャーをかけにいくはずが案外かけられなかった。そこが誤算でした。

――丹羽監督によると、江戸川で筑波に負けたあと、寮に戻って一人でミーティングルームで涙を流していた、と。

勝木　みんなの前では泣かないようにしていたんですけどね。監督に「お疲れさん」と言われたときに涙がぶわーって出てきた。試合に出てないメンバーに申し訳ないという気持ち。プレッシャーもあったけど、自分の力のなさを実感しました。

明治のラグビーを通じて、大切なものを学んだ

――勝木選手にとって丹羽監督はどういう存在でしたか。

勝木　選手ファーストを徹底してくれました。グラウンドでは厳しいけど、一歩外に出たら、話しやすいし、常に選手と近いところにいてくれました。

――監督が寮に住み込む。いまの時代、珍しいですよね。

勝木　僕らより朝早く起きて、風呂掃除とかしてくれたり。最後も「シンドかったやろ、辛かったな。下の代は見てるから、大丈夫だ」と言ってくれました。

――勝木選手にとって、明治ラグビーとは。

勝木　僕は明治にずっと憧れていて、キャプテンになったときも、まず思ったのが「強い明治を復活させたい」ということ。「前へ」という言葉も、人生じゃないけど、そういうことにもつながっている。失敗して、一歩下がったり、右いったり、左いったりも。遠回りもするけど、最後は前向いて進んでいけ。ラグビーを通じて、それを学ばせてもらったのかな。ファンの方々も熱いですからね。僕らのときも西京極でギリギリで勝ったとき、「走って帰れ」と言われたんですよ。「勝ったのになんで?」とは思いましたが、まあ、そう言ってもらえるだけ幸せかもしれません。やりがいがあるというか。

　でも、卒業して2年くらい、明治の試合が見られなかったんですよ。悔しくて。ようやく、ミツル(古川満＝2017年度主将)の代くらいから、見られるようになりましたけど。

14
4
Mizuno

Interview

大学最後の帝京戦、秩父宮で巻き起こった〝明治コール〟

中村駿太

［在籍期間］2012〜2015年（15年度主将）
サントリーサンゴリアス

——まずはキャプテンになる前の下級生だったときのことから聞いていきたいのですが、入部した2012年が吉田義人監督体制最後のシーズンで、2年生のときに丹羽監督が就任。中村選手自身、変化を感じていた部分があったと思うのですが。

中村　吉田さんのときはいい意味でも悪い意味でも、個人に任せる部分が多かったと思います。丹羽さんになって、言葉は悪いですけど規律というか、ある程度正しい方向性の道筋をしっかりと示したうえで、選手をそこに乗せてあげるという感じに変わりました。

——それまでの自由なスタイルに慣れていた部員のなかには、変化についていけない選手たちもいたのでは？

中村　喫煙などは厳しくなったので、不満はあったかもしれないですね。

——3年生になると、同じフロントローで1年先輩の勝木来幸選手がキャプテンになるわけですが、とても尊敬していたとも聞いています。

中村　たぶん、来幸さんは僕のいいところも悪いところも全部知っていたと思います。逆に僕も来幸さんのいいとこ

Profile

なかむらしゅんた　1994年2月28日生まれ、東京都出身。桐蔭学園を経て12年に明治大学に入学。4年時には主将を務め、対抗戦優勝に貢献。卒業後はサントリーサンゴリアスに入団。176cm、105kg、HO。

ろも悪いところもだいたいは知っているつもりでしたし、慕っていましたね。

――その3年生のシーズンは大学選手権セカンドステージ第3戦で筑波に大敗（7‐43）して、シーズンが終わってしまうわけですが、その筑波戦のあと、4年生よりも3年生のほうが大泣きしていたのが印象的でした。

中村　来幸さんだけじゃなく、4年生とは本当に仲が良かったし、思い入れもあった。それなのに、最後にこんなゲームで終わっちゃうのかという虚しさを感じたんですよね。勝たせてあげられなかったなって。

――あのときはコンディションが万全ではなかった田村熙選手（3年）が強行出場して……それでも勝てなかった。

中村　試合のキーポイントとしては、後半早めの時間帯の敵陣ゴール前のペナルティでスクラムを選択したときにいいスクラムを組めなかった。もちろん、あれだけの点差をつけられた試合なので、そこだけではないわけですけど、個人的にはフッカーで出ていて、あのスクラムは悔しかった。

――そんな悔しいシーズンを経て、キャプテンの大役を引き受けることになります。

中村　3年生のとき、学年リーダーに僕と熙（田村）が選ばれていたので、どっちかがキャプテンになるんだろうなとは思っていました。まあ、熙はあまりキャプテンタイプではないというか、どちらかというと他のところで締めてくれるタイプなので、僕になるだろうなという予想のもと、1年間、来幸さんのマネージメントとかを見ながら学べていた部分もあったので、キャプテンというものに対しては割と自然に入っていけたかなとは思います。

ミーティングを一番多くやったのは僕らの代

――キャプテンとしてこれだけは大事にしたという点は？

中村　丹羽さんが監督になって、規律の面では大幅に改善されたと思うんですが、それでもタバコを吸っている4年生のメンバーがいました。明治を代表して試合に出ているのに規律の部分を守れていないメンバーがいたのは残念だったし、僕の代では「見て見ぬふりはしない、全員に規律を守ってもらう」と、最初にチームの前で言いました。でも、結局隠れてタバコを吸うメンバーが出てきちゃったんですよね。4年生のなかから。最初はみんな守るんですよ。でも、シーズンが進んでいくなかで、自分がどの立場に入っていくかが見えてくると、下のチームにいるメンバーのモチベーションの維持が難しくなる。

人間どうしても弱い面を持っているので、一人がそうなるとみんな流れちゃう。たまたま、僕自身が見つけて、本人ときちんと話をして、監督に報告したうえで1ヵ月試合に出さずに禊はちゃんとさせて……。それ以降は僕の知る限りではそういう規律面が問題になることはなかったと思います。

――規律面以外で難しかったことは？

中村　いっぱいあります。たとえば、下のチームのメンバーはどうしても気持ちが離れがちだし、特に4年生は来年以降があるわけでもないので、「練習、軽くしてくれ」みたいなことを言い出したりもする。

でも、僕らの代は下のチームにもリーダーをつけて、週1回はリーダーミーティングをして、「今週はこういうところにフォーカスしよう、この辺に目をつけていこう」みたいな話し合いは常にしていた。下のチームのリーダーたちがしっかりやってくれたのは誇っていい点。ミーティングを一番多くしたのは間違いなく僕たちの代。そのうえで上から下まで練習を一生懸命やる。そこの部分は残せたかなと思います。

――丹羽監督は、この代は自分たちでやりたいラグビーが明確にあったと言っています。

中村　コーチに頼りきるのは良くないと思っていました。もちろん基本的な戦術、戦略はコーチ陣が作ってくれるわけですが、その代、その代、いる選手が違うのだから、カラーが違うのは当たり前だし、そこにしっかりフォーカスを当てて、自分たちで取り組んでいかないと本当の自分たちの強みが出せるようにはならないのではないか。そうしないと、強い帝京や筑波に勝てないのではないかと。幸いなことに、自分たちで考えてラグビーをやれるメンバーが揃っていたし、U20ジャパンなどの経験を持つ選手も多かった。

――具体的には、どういうラグビーを目指していたのでしょうか。

中村　まずスクラム、セットピース、ブレイクダウン。そこは負けちゃいけない。それは明治の文化だし、そもそもラグビーってそういうもの。セットピースで負けていたら、勝てない。ブレイクダウンで負けているチームはだいたい勝てないのが当たり前。BKにもタレントが揃っていて、

4

熙がいて、梶村(祐介)がいて。そういう決定力のあるＢＫにボールを出そうという考えを徹底していた。簡単に言うと、ＦＷとＢＫ一体となったラグビーをしっかりやる。あとは形だけではなく､正しい判断もしっかりしていこうと。

ＦＷにも、僕、松橋(周平)、桶谷(宗汰)など、ボールを前に運べるメンバーが揃っていたし、単純に自陣からでもとにかくシェイプで順目、順目といくだけではなく、たとえば敵陣10メートルまではポッドで攻めて、省エネじゃないけど、うまくコントロールしながら敵陣深くに入って順目でアタックすれば、このチームはもっとうまくいくのではというようなことをリーダー陣で話していたんですけどね……。確かに2つのオプションを持ちながらラグビーをやるのはなかなか難しいけど、できないことはなかったと思う。でも､「難しい」と言われて、やりたかったけど、できなかった。最終的にはそれに近い形にはなったんですけど、目指していた完成形には至らなかった。本当は僕らの代で優勝しないといけなかった。少なくとも、決勝には行かないといけなかった。

――このシーズン、もう一つ象徴的だったのは、阮申騎コーチがチームに新しいものを注入してくれたように思いました。

中村　阮さんが言うのはパッションやアティチュードの部分。なんでチームのためにタックルにいけないのか、身体を当てられないのか、規律を守れないのか。そんな当たり前の態度の部分です。練習になったら即スイッチを入れてやれよ、と。僕らの代の明治に一番欠けていた部分でした。それまでは、なかなかスイッチが入らなかったのが、自分でスイッチを入れて、朝の6時からできるようになった。

――朝はキツかったのでは？

中村　慣れだと思います。自分自身は全然苦じゃなかったし、僕の代になって改善できた部分だと思う。4年生が起床時刻に電気をつけて、アナウンスも入れてしっかり全員を起こすというのを率先してやって、起きて5分でグラウンドに入るとかそういうのはやめようと。そこは徹底できた。

日本一は、嬉しさと悔しさ両方の気持ちが生まれた

――対抗戦、大学選手権に向けての自信はありましたか？

中村　自信はありました。春に帝京とやってモールを押して、スクラムもしっかり組めた。これはブレイクダウンを

しっかり鍛えれば、負けることはないのではと思っていました けど、まだ甘かった。東海戦もそうだけど、ビッグゲームになればなるほどキャプテンのパフォーマンスが大事。もちろん全試合大事ですが、負けた試合は僕がミスしていたり、僕のパフォーマンスが良くなかったことが多いんです。帝京戦の前はドラマじゃないけど、部内でいろいろなことがあって、練習もうまくいってなかった。「帝京、帝京」「大一番」というマインドがあって、みんな浮き足立っていて、僕もナーバスになって、つらくて、練習が終わったあとに一人で泣いたりしていました。でも、最後はリーダーたちがチームを集めて、「キャプテンにラグビー以外のことを心配させないように」と言ってくれて……。そんなことがあったので、3点差に迫ったときは「これはいける」と感じたんですが。秩父宮の雰囲気も「明治コール」が湧き上がって、そんなの4年間で1度もなかったことだったし、勢いに乗っていけると思ったんですけど、自分たちでミスをしてしまって、経験という意味では帝京のほうが1枚上手でした。

――シーズン最後の試合となった大学選手権準決勝の東海戦の一番のポイントは前半早い段階で田村選手が肉離れで交代を余儀なくされてしまったことでしょうか。

中村　それは大きかったです。エースですから。でも、もとはと言えば、そういう「いない」という状況をシミュレーションしていなかったこと。スタッフも僕も他のリーダーたちも。問題はそこです。あとから丹羽さんにも言いました。ぼくや熙がいない、そう状況まで想定してチームを作ってこなかった。やっておけば良かったという話をした。そういう意味では、詰めが甘かった。いまでもその試合のビデオは見てないですからね。２０１８年シーズンに優勝してくれて嬉しかったたし、その前にミツル(古川満)の代が準優勝したときも誇らしかったんですが、でも心のどこかには悔しさというか、「俺たちもこの舞台にいけたよな」という思いもあって、たぶんそれは一生消えることはない。死ぬまで、そういう気持ちを持って明治のラグビーを見て行くんだろうな、と。だから健太(福田)だけです。22年間のキャプテンのなかで、気持ちよく後輩たちのことを応援できるのは(苦笑)。負けた人は、背負って生きていかないといけないので。みんなそうだと思います。

Interview

悔しい思いが残った明治での最後の1年

桶谷宗汰

[在籍期間]2013〜2016年(16年度主将)
サントリーサンゴリアス

——入部した当時の明治ラグビー部の印象はどのようなものだったのでしょうか。

桶谷　常翔学園高校の出身で、数多くの先輩が明治に行っていたこともあって、「厳しいぞ」という話は聞いていました。そういうイメージができあがっていたので、実際に入ったときには、想像していたよりは厳しくないなと感じたような気がします。

——ラグビーに関してはどうでしたか？　高校とのフィジカルコンタクトの違いはやはり大きかったのでしょうか。

桶谷　小学校からラグビーをやってきて、カテゴリーが上がるごとにフィジカルレベルが上がるのを経験してきましたが大学に入ったときもそれは感じました。それでもやっていくうちに慣れるので、それほど問題にはならなかったです。ラグビーのスキルに関しては、常翔学園では正直あまり教えられてこなかった。「ランパスやっとけ」みたいな感じで(笑)。なので、大学に入って初めて「ラグビーをやっている」感覚になったことを覚えています。大学に入るのとほぼ同時にU20日本代表にも選ばれて、そこで沢木(敬

Profile

おけたにそうた　1994年11月18日生まれ、大阪府出身。常翔学園を経て13年に明治大学に入学。大学卒業後はサントリーサンゴリアスに入団。177cm、93、No8/FL。

介＝前サントリー監督）さんとも初めて会って、ラグビーってこうするものなんだというのを学びました。

先輩が残してくれたいい文化を継承する

――下級生のときから試合に出て、実際に長い間一緒にプレーしてきた中村駿太選手から受け継ぐ形でキャプテンに就任。自分がキャプテンになって変えようとしたところや、逆に、それまでのやり方を踏襲しようとしたところなどあれば教えてください。

桶谷　前年のタイミングでも、いままでの明治から随分と変わって、先輩たちがいい文化を残していってくれていたので、それは継承しようと思いました。その一方で、自分たちの代の4年生はAチームで試合に出ている人が少なかったこともあって、ラグビーに対する考え方は決して高いとは言えなかった。そこをどう変えていったらいいのか考えていかなきゃいけないなという気持ちが大きかったです。

――同じ学年で前年もレギュラーだった選手というと……。

桶谷　ぼく、田中真一、成田（秀平）、浜野（達也）、それくらいですかね。なので、「MUST WIN」というスローガンもリーダー陣だけではなく4年生全体で話し合って決めました。4年生全体で戦っていくということを意識づけたかったので。あと、自分がキャプテンに決まる前の段階で、順番にリーダーをやってみる期間があって、そういったタイミングで4年生全体のリーダーシップを芽生えさせようとしたり……。

――確か、正式にキャプテンに就任するまでに少し時間があったんですよね。

桶谷　最初はみんなでリーダーを回しながら経験したりしていたので。ただ3年のときには自分が学年リーダーをやっていたので、自分がなるんだろうなとは思っていました。いま振り返って考えると、もっと早くリーダー陣を決めていたらコーチ陣との話し合い、方向性の決め方、年間を通してのスケジューリングとか、もっと早く決められた気がするので、そっちのほうが良かったなという気はします。当時はキャプテンをやるのは初めてでしたし、そういうことまで考えが及んではいなかったですね。

――丹羽監督は「桶谷の代は上の選手についていって力を発揮するタイプが多かった」と分析していました。

桶谷　前の代のキャプテンの中村駿太さんとはすごく長い

時間一緒にいて。大学に入る前に参加したU20日本代表でも中村さんがいて、進学する大学の先輩がいるんでビビってたんですが、やさしく接してくれました。ラグビーのこともそれ以外もすごく勉強になったし、大学でも1年から試合に出させてもらうことになって、自然と中村さんと話をする機会が増えて、その頃はとにかく中村さんと一緒にラグビーをするのが楽しかった。キャプテンとしても、それまでの明治にあった悪い文化をなくして、いい文化を残していってくれた人だし、すごくリーダーシップがある。

僕らの1年上の人たちは中村さんだけじゃなく、田村熙さん、小林航さんなど、下の学年のときから試合に出ていた人たちが多かったし、それぞれがそれぞれの立場で自然とリーダーシップを発揮してくれていた。それもあって、僕個人の感覚としては上の人とやっているときのほうがラグビーは楽しかったですね。それは、たぶん僕だけじゃなく、僕らの代みんなが思っていることなんじゃないですかね。みんな上の代と仲が良かったので。

――キャプテンとして迎えた春シーズンでは、いきなり流通経済に33-66のダブルスコアで敗れるというショッキングな出来事もありました。

桶谷　個人的にも春シーズンの前に肉離れを起こしてしまって、さあこれからだというところで戦列を離れざるを得なかったこともあり、正直焦りはありました。明治はセットピースが大事なのにそこがうまくいっていなかった。前年までの看板フロントローもいなくなり、モールもブレイクダウンもうまくいっていなかったので、それからはFWはとにかく練習したなという印象が残っています。阮さんもずっと見てくれていたし、いろんなスポットコーチに来ていただきました。青さん（青木佑輔氏＝元サントリー）にも来てくれたんじゃないかな。まだ春シーズンだったし、FWさえ安定すればチームは良くなっていくと信じていたし、前向きに取り組んでいたとは思います。

ケガに苦しみながら試行錯誤を続けた

――最終的には、対抗戦では慶應には逆転勝ちしたものの、帝京には15-42で完敗。この2試合は、ご自身は目のケガで欠場していますが、復帰した早稲田戦では多くの批判を浴びることになったプレーもあり、まさかの逆転負け。そして、大学選手権の初戦で京都産業にも敗れて短すぎるシーズンが終わりま

す。聞いたところでは、11月の慶應戦前あたりから、練習の強度も下げたという話もあるようですが、実際にはどんなチーム状態でシーズン終盤を迎えていたのでしょう。

桶谷　対抗戦のなかではやはり慶應、帝京、早稲田の3試合にピーキングを持っていくようにするのですが、あの年はその段階でかなり疲労度が溜まっていて、選手から「身体がキツい」という訴えも随分ありました。ちゃんとしたS&Cスタッフがいなかったのも影響したのかもしれません。セットピースがうまくいかないと、本当は休みだったはずの月曜日に集まって練習したり、休みがないと言えば大げさかもしれないですけど、コンディションを考えないで練習していた面はあったかもしれない。結果的に、そういうところにも表れてしまったのかもしれないですけど、選手とスタッフのコミュニケーションも、うまく取れていたとは言い難い面もありましたし、逆に僕らからするとスタッフ間のコミュニケーションもうまく取れているのだろうかと不安に感じる面もありました。でも、それをまとめるのがキャプテンだし、僕のほうでスタッフと選手がそれぞれ相手の言い分に耳を傾けながら建設的な話し合いができるように持っていかないといけなかったのかもしれません。

——ただご自身もケガがあって、なかなか陣頭指揮に立てないジレンマもあったと思います。お互い仲がいいと認め合っている中村前主将にも随分電話で相談していたみたいですね。

桶谷　そうですね。随分、相談には乗ってもらいましたし、あと、一つ下の代の古川満や梶村祐介にもかなり助けてもらった。ミツルにはラインアウト、カジはBKをうまくまとめてくれた。プレーでも引っ張ってくれたし、きっと反面教師にしながら頑張ってくれたのかなとも思いますけど。いま考えると、僕らの代は普段の生活からまとまりがなかったかなという気はします。調子のいい奴ばかりというか、なかには下の学年から声が上がるくらい生活面が良くない奴もいたんですよね。

そして、さっき言ったようなスタッフとのコミュニケーションの問題もあった。自分の性格上、どうしても流されることが多くて、キャプテンとしても、もっと自分の判断でチームを引っ張っていくようにしても良かったのかなとは思います。最初のリーダー決めもそうだし、一個一個の練習でも、スクラムでも。夏合宿もポイントだったと思うし、チームがまとまるためのラグビーじゃないソーシャルの部分とかも。もっと自分の思いをガーッと言っておくべきだったなと。

人生でもあれほどのミスはない明早戦の判断

――目のケガからの復帰を果たした、最後の2試合に関しても話をお聞かせいただきたいのですが。

桶谷　明早戦と京都産業戦ですよね。明早戦では最後PGを狙う場面でいっちゃったわけですけど、正直言うと何でいっちゃったのかいまでもわからない。興奮しちゃって。笛が鳴った瞬間にボールを呼んじゃった。はっきり言って、人生でもあれほどのミスはないです。

――丹羽監督も珍しく怒ったと聞いています。

桶谷　そりゃ怒りますよね。でも、その直前までは冷静だったんですよ。時間とスコアをチェックしていて、レフリーのキャラクターを考えても「ゲームを作る可能性もあるぞ」って。だから、「しっかりとショットの判断をしないと」と考えていたんですけどね。

――そんなショッキングと言っていい明早戦のあと、1週間後の京都産業戦に向けて短期間でチームを立て直すのは、やはり至難の業だったのでしょうか。

桶谷　でも、意外とみんなすぐに前を向けていたとは思います。明早戦で勝っていれば2位、負けたので4位。試合当日は個人的には相当落ちましたけど、翌日からはもう結果は変わらないし、そのまま勝ち上がっていけば、また早稲田と当たるトーナメントだったこともあって、今度こそ早稲田に完勝してやろうと、切り替えられていた。

――結果的に明早戦でもそうだったように、明治の生命線とも言えるスクラム、そしてモールでも京都産業に押されて、シーズンが終了してしまいます。

桶谷　前半リードして折り返して、その時点ではスクラムは問題になってなかった。アウェイだったし、スクラムはレフリーからの見え方の問題もある。京都産業のスクラムはかなりインに入ってくる傾向があって、それは夏合宿でやったときからわかっていたことだし、そこにだけ対応できれば大丈夫だと思っていたんですけど、実際の試合のなかでの修正能力がなかった。

練習では話をするけど、試合では細かいコミュニケーションが取れていなかった。そこが上の代との違い。最後はやられるがままになってしまったのは、いまでも悔しく思っています。

MIZUNO

Interview

胸を張って卒業できるチームならみんなが明治を好きになってくれる

古川 満

［在籍期間］２０１４～２０１７年（17年度主将）
トヨタ自動車ヴェルブリッツ

——まず古川選手が3年生のとき、明早戦や大学選手権の京都産業戦では、スクラムを押されて敗れました。

古川　3年生のときは武器となるものを1年間通して作れなかったという印象が残っています。スクラムもモールも……。逆に京都産業は1年を通して、スクラム、モールにこだわってきたのが、ああいう結果につながったんだと思います。

——しかし明治のFWもあの年はかなり練習を積んでいたようにも思えたのですが。

古川　確かに練習量は多かったです。ただ、できてないことが多い分、量でカバーしようという感じでした。

——練習量の多さだけではカバーしきれなかった？

古川　練習量をこなすだけで満足してしまったのかもしれません。言い方は悪いけど、そういう感じだったのかも。

——明治はFWが強くなければいけないチーム。悔しい思いもあったのでは？

古川　FWで流れが作れなくて、逆にFWでやられて負けた。もちろん、悔しさはありました。

Profile

ふるかわみつる　1995年7月9日生まれ、東京都出身。桐蔭学園時代には高校日本代表に選出。明治大学進学後、4年時には主将として大学選手権準優勝。卒業後はトヨタ自動車ヴェルブリッツに入団。186cm、107kg、LO、FL。

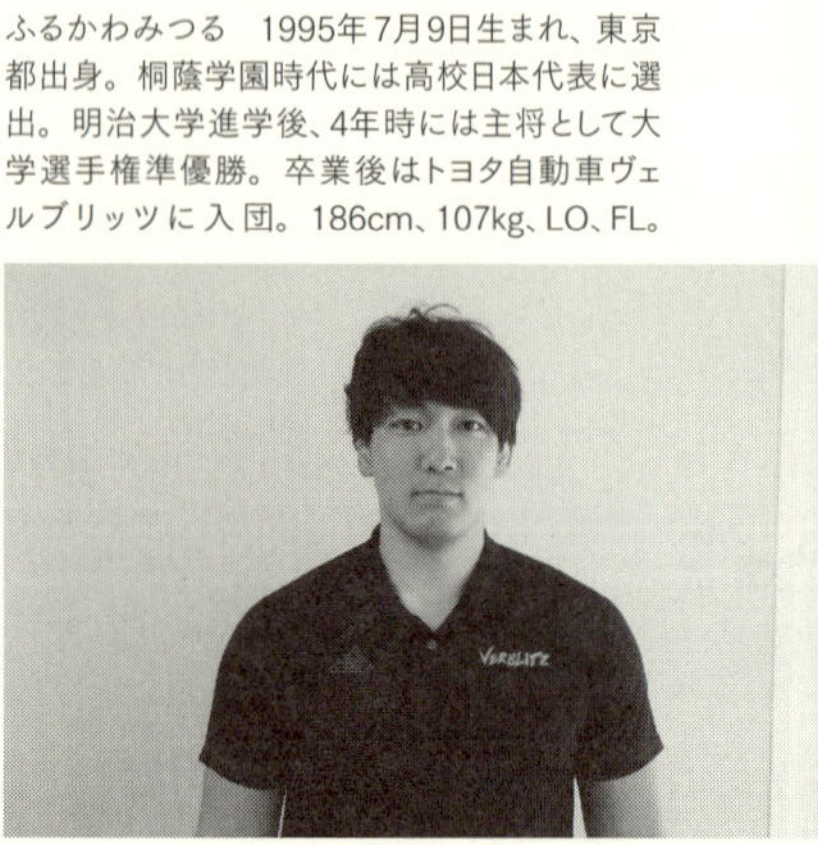

――シーズンが深まるにつれて、練習の強度を落としたとも聞いています。

古川　大一番の試合に合わせて、ピーキングじゃないけど強度を落とした部分はあったと思います。

――具体的な影響もあったのでしょうか。

古川　こだわっている部分がないため、強度を落として身体を戻しても勝ちきれない感じです。チームとして核になるものがないまま練習を続けても、シーズンが深まったときに勝てない。コンディションを整えても、手遅れでした。

キャプテンとして意識したのは「妥協しない」こと

――新チームでキャプテンに指名されることになったわけですが、そのときの率直な気持ちを覚えていますか？

古川　3年生のときに、僕とカジ（梶村祐介）がFWとBKのリーダーを任されたので、「どちらかがキャプテンになる」という話はしていました。4年生が引退されたタイミングで、「こういうラグビーをしたい、こういうチームにしたい。こういう雰囲気で、こういう明治にしたい」って、どっちがなっても方向性は同じなので、お互いがお互いをサポートしていこうみたいな話はしていました。ただ、周りのメンバーからするとカジが絶対的存在だったので、カジがやるんだろうと予想していた人が多かったと思います。なので、実際に僕ということになったときには驚きはあったみたいですけど、2人としてはどっちになってもいいように心の準備はしていたし、決まったあとも僕はキャプテンしかできないことをやって、カジは副将にしかできないことをやっていこうという理解はできていました。

――「こういうチームにしたい」という部分を具体的に説明してもらうとすると……。

古川　3年間いろいろ経験してきて、こうなると勝てないとか、こうしたほうがいいと感じていた部分に妥協しないで取り組んでいく。一番大きいのは4年生のまとまり。結果にこだわるためにも、3年生以下に何かを残すという意味でも、そこは妥協しちゃだめだと考えていました。

――丹羽監督と田中ヘッドコーチがどちらをキャプテンにするか相談したとき、すぐに「古川」という方向性が決まったという話を聞きました。「梶村だとストイック過ぎて難しい面が出てくるかもしれない」と。

古川　まだ正式に発表になる前に、丹羽さんと澄憲さんと

3人でご飯を食べに行って「キャプテンにしようと思っている」と言われたときに、そういう話は聞きました。「梶村だと、思い詰めちゃうかもしれない。プレーのうえでは絶対的な存在だから、落ちてくるとチームとして厳しくなる」と。「頼んでもいいか」と聞かれて、「わかりました」と即答して、引き受けることになりました。

――キャプテンに就任して、こういうところを変えていこうと考えた部分はありましたか？

古川　澄憲さんがマインドの部分を大きく変えるということだったので、そこについていくことをまず考えました。たとえば、寮の規則。1年生のときは守れていたのに、2年、3年、4年と過ごすうちに守れなくなる。みんなで決めたルールに関しては、絶対にやりきろう。もし破った場合、注意できるような関係を築いていこうと。そこは意識していました。

――他のメンバーからの反発はありませんでしたか？

古川　みんなが協力してくれたので、大きな事件みたいなことはなかったです。ただ春のシーズン、自分は怪我で試合に出ていなかったので、言いづらい部分はありました。言ってはいたんですが、試合に出たうえで言えていれば、もっと響いていたかな……。

――丹羽監督も、古川選手の代は本当に4年生のまとまりが良かったと言っていました。

古川　下のチームの問題は下の4年生で解決してもらうように、任せられるところは任せていました。4年生は4年生らしく、チームの顔らしくそれぞれどんな立場でもリーダーシップを発揮していく。もともと、そういうことができる選手たちが僕らの代には多かった。そうすれば、下のチームの下級生も4年生がしっかり見ていてくれるので、頑張ろうと思えるだろうし、チームのことがもっと好きになって、上に行きたいと思える。僕らが言わなくても、そういうことが自然にできていた。いい文化が生まれていました。

――4年生でミーティングする回数も圧倒的に多かったと聞きます。

古川　毎週月曜にリーダー陣のミーティングがあって。その話し合いにもリーダー関係なく4年生が参加していいことにして、もちろん僕らのほうからも呼んだりしました。たとえば廣井(雅宇)は上に行ったり下に行ったりしていたので、両方の話を聞いたり。ルビコンで頑張っている4年生とも、基本的にはチームのことは任せているので、たわいのない話をしたりしながらも、情報は入れてもらうようにはしていました。

――丹羽監督曰く、「ちゃんとした大人が揃っていた」と。

古川　バカにもなれる(笑)。飲み会になったら、丹羽さんにもグイグイいったり。確かに、大人が多かったかな。

――古川選手の代から加わった滝澤コーチの影響は。

古川　技術的な面ももちろん大きかったんですが、理屈じゃないところでも芯を作ってもらえました。「明治のＦＷだったらスクラム強くないと」「明治入ったんだろ？　だったらスクラム強くないとダメだろ」と、内面に訴えかけるような熱い指導をしてもらえました。スクラムの練習もハードだったけど、つねに鼓舞してもらえて、僕らもきつい練習にも耐えて、乗り切ることができた。それが結果的にスクラム強化にもつながった。滝澤さんが焚きつけてくれたところが芯になった。

――特にバックファイブの押しの大事さを強調していました。

古川　いままでは前に任せるというか、どちらかというとフロントローがスクラムで、後ろがラインアウトという感じだったのが、試合の映像を見て、「フロントローはいいけど、バックファアイブがダメだ」と指摘されて、みんなのなかでも全員でしっかりスクラムを組むという意識が強くなっていきました。

明治でなんでも言い合える、一生付き合える仲間に出会えた

――シーズンに入ると、対抗戦で慶應と帝京に敗れました。

古川　慶應には、勢いとひたむきさにのまれた感じでした。いいペースでラグビーができなかった。ただ、負けたけど課題も明らかだったので、負けをどう活かすかという方向で練習とミーティングを重ねることができました。帝京戦では前半いい形で試合を進められて、前半最後の場面。相手ゴール前で帝京が反則して、ショットかスクラムでトライを取りにいくか迷ったんですが、スクラムがいけそうだったので、カジに『スクラム組ませてくれ』と言って、トライを取りにいきました。でも結局得点できずにハーフタイムになって、後半はズルズルいってしまった。2試合負けた時点で、チーム内に「やばいんじゃないか」という雰囲気が漂うかもしれないとカジと話していたんですが、僕自身は全然、悲観的になることはないと思っていました。

MIZUNO
MIZUNO
MIZUNO
MIZUNO

通用したところがたくさんあったし、もっとよくできるところもたくさんある。何ができて、何ができなかったかというところをはっきりさせて、ポジティブに「いける」という空気を作っていこうと。練習中に、誰かが「オフロードとか、大丈夫ですかね」って聞いてきても、「全然いける」ってポジティブな流れを作るようにしました。

——田中ヘッドコーチは、早稲田が慶應に勝ったあとに「早稲田、強いのでは?」という空気があったと言っていました。

古川　それはありました。たとえば、祝原はよくラグビーを見ているので「あのアタックはどう止めるんですか」と聞いてきて、こちらが「絶対いけるって」と返したり……でも、そういうのもあっていいんです。

——対抗戦で帝京に敗れたあとは明早戦に勝ちました。大学選手権では京都産業へのリベンジも果たし、準決勝で大東文化も退けて、帝京との再戦となった決勝戦に駒を進めました。結果的には1点差(20-21)で大学日本一には届きませんでした。

古川　点差は1点だったんですけど、実力的にはもっと差がありました。ブレイクダウン、ターンオーバーから一気に得点に持っていく力、王者としての雰囲気はずっと感じていた。前半が終わった時点で「このまま終わってくれ」なんて思っていたほどでした。

——田中ヘッドコーチは「前半、用意してきたサインプレーが全部決まり、うまくいきすぎた」と。

古川　前半は120点の出来。帝京も焦っているのは感じました。トライを取りたがってミスしたり、圧力をかけることはできていた。でも、後半はどこかで帝京の時間帯がくると考えていて、それがいつくるんだ、いつくるんだ……そのことばかりを考えすぎて、受けに回ってしまったのかもしれません。

——帝京とのフィジカルの差は感じましたか?

古川　ないというか、埋まっていたと思います。

——それでもブレイクダウンの部分では後手に回った。

古川　ブレイクダウンだけでなく、すべての面でちょっとずつ帝京が上でした。試合中はそうは思ってなかったですけど、試合が終わってからそう感じるところはありました。

——決勝戦前日。ルビコンの練習が素晴らしかったです。

古川　僕自身は主将をやらせてもらって、肩書きがある分、頑張らないといけないと思える部分はありました。でも、試合に出られないのに、同じ熱量でできるかというと、なかなか難しい。そういう状況で僕らの代の試合に出られない4年生たちはすごかった。心の底からそう思います。僕のラグビー人生、そして今後生きていくなかでみんなに教えてもらった大切なことでもあります。

――そこは、次の代にも残せた部分ですか？

古川　4年生のまとまり、試合に出ていないメンバーの立派さ。澄憲さんも「これが大学ラグビー、明治ラグビーのあるべき姿」と言ってくれました。試合に負けたあとに、試合に出ていない4年生が一番泣いていたんです。そういうのを見て嬉しくなったというと変ですが、余計に勝ちたくなりました。彼らのためにも勝たなきゃいけないし、勝ちたいという気持ちが強くなった。4年生が一つになるというところはできたのではないかと。後輩たちも見てくれていたと思うし、そこは残せたかな……。大学選手権決勝までいって、ああいうゲームもできて、勝てる道は示せた。次の年に優勝してくれたのは、あくまでも健太(福田)たちが頑張ってくれたからですけど。

――明治大学ラグビー部で得たものは何でしょうか。

古川　最後の1年間が濃かったですね。本気で言い合っても関係が壊れない、一生付き合っていける仲間ができたこと。そこが明治に入ってよかった部分。最後の1年で絆がものすごく強くなりました。

――これからの明治に期待したいことを教えてください。

古川　僕らが経験できたように、4年生がまとまって、みんなが一生の仲間だって胸を張って卒業できるようなチームだったら、それを見て、明治を好きになる人が増えると思います。そういう人が明治に来てくれるようになってくれたら嬉しいですね。その先に連覇とか、強い大学であってくれたら最高です。

Interview

本音で話し合った瞬間、チームが大きく変わった

福田健太

【在籍期間】2015～2018年(18年度主将)
トヨタ自動車ヴェルブリッツ

――福田選手が3年生のとき、大学選手権の決勝で帝京と対戦して、1点差で負けています(20-21)。あの試合、勝つ自信はあったのでしょうか。

福田　正直言えば、なかったですね。ただ少しずつ感覚は変化していました。2年の春に帝京と戦ったとき、全く歯が立たないという感じでした(12-68で敗戦)。レベルが違うし、自分としても、少しでも活躍できたらいいなあくらいに思っていました。それが3年の春に札幌でやったときに、『あれ？　今年はやれそう』という感触があったんです。スクラムを押したり、負けた原因も自分たちのミスから取られた感じだったので、そこを修正できればいけるのではないかと。チャンピオンチームはそこを拾ってくるというレビューでした。

――春につかんだ自信を最後まで持ち続けることはできたのでしょうか。

福田　春の時点で、今年はイメージが違うなと思えたけど、夏合宿ではボコボコにされて、対抗戦での仕上がりを見ても、やはり帝京は強いな、と。実際に決勝では、勝つとか

Profile

ふくだけんた　1996年12月19日生まれ、埼玉県出身。茗溪学園では主将を務め、高校日本代表にも選出。卒業後、明治大学に進学し、4年時には主将としてチームを日本一へと導く。173cm、80kg、SH。

負けるとか考えてなかった気がします。対抗戦でやられた（14－41）というイメージが強くて……。もちろん、4年生を勝たせたいという気持ちは強かったですし、決勝なので恥ずかしい試合はできないという思いもありました。とにかく、チャレンジし続けようという意識だったように思います。

――前半は意図通りサインプレーが決まるなど、17－7で折り返しました。『いける』という感触は……。

福田　それはなかったですね。確かに自分たちのプレーを出せて、前半を終えられた。でも、ハーフタイムに感じていたのは「帝京がこれで終わるはずがない」という気持ちだった気がします。

――実際にどんどん追い上げられ、最後は1点差での敗北。

福田　その代の4年生の背中が素晴らしくて、僕たちも「最後までやり続けよう」という気持ちでした。もちろん、準優勝に終わって悔しかったし、自分としても1個上の人たちに対する特別な思い入れもありました。この人たちともうラグビーできないのかという寂しい気持ちです。ただ、その一方で帝京を相手にここまでやれたという自信みたいなものも感じてはいました。

――新チームになり、キャプテンを任されるわけですが、そのときの正直な気持ちを覚えていますか。

福田　キヨ（田中監督）さんに3年のときから「リーダーとしての姿勢をもう少し意識しろ」と言われていたのもあって、実際にキャプテンに指名されたときも、荷が重いとかそういう風には全く思わなかったです。上の代の人たちがあれだけ大学選手権優勝に近づけてくれたので、「やるしかない」という気持ちが強かったですね。

当たり前のことをきちんとやるのは、実はすごく難しい

――キャプテンになって、特別意識した点はありますか。

福田　先頭に立たなきゃいけない存在なので、練習も一番やり切ろうと。そういうところを後輩は見ている。1年間、目標にズレが生じないように、目標がブレないようにという気持ちを持ち続けよう、と。シーズンが始まる前から、絶対うまくいかないときもあるというのは想像していました。自分がいた4年間でも、1年間ずっとうまくいっているシーズンなんてなかったので。うまくいかないときも絶対ブレないように。先頭に立つ人間がブレてしまったら、

それがチームに伝染する。それは絶対見せないでおこうと思いました。

この3年間でベーシックなところは先輩たちがしっかり作ってくれていました。ただ、ラグビーという点では、結局、勝つことはできなかったので、同じことをやっていたらダメだと。バージョンアップしないと、という風には考えていました。

——監督が交代した点についてはどうでしたか。

福田　キヨさんは丹羽さんが監督だったときから来てくれていて、グラウンド面ではキヨさんが仕切ってくれていた部分も多かった。丹羽さんもアドバイザーとして残ってくれていたので、やりにくさはなかったです。

——田中監督は風呂場やウエイトルームなど片付けができていないことなどを厳しく指導したとも聞いています。

福田　当たり前のことが当たり前にできるチームが強い。そういう言い方ではなかったですけど、そういう意味の言葉はずっと言われていました。当たり前のことをきちんとやるのは、本当は難しいことですし。

——徐々にできるようになっていった感じでしょうか。

福田　徐々に、ですね。自分たちが4年のときに「クラウドコーチング」というアプリを導入したんですが、あれで自分と向き合う時間ができました。リーダーたちが管理してやり続けてくれたので、それも大きかったです。

——ラグビーの質で良くなった点は？

福田　FWとBKのコネクトの部分ですね。そのことによって、いいランナーを活かせるようになった。シーズンが深まるごとどんどんよくなっていきました。あとスクラムも進化しました。1年間、滝澤(佳之)さんが来てくれた効果もあってスクラムが武器になったんです。BKもセットプレーを中心にゲームメイクできるようになりました。もちろん僕たちの代で急に良くなったわけじゃなくて、前の代までの土台作りがあったから、バージョンアップすることができたのは間違いありません。

——伊藤宏明さんがBKコーチになったことは。

福田　大きかったです。BKのサインプレーとか、組み立てのところを見てくれたのですが、自分たちの強みがどこにあって、相手の弱みはどこにあるのか、すべてわかったうえで一緒に考えてくれました。

——そして、いきなり春の帝京戦で勝利。いま考えると、あのゲームがシーズンを象徴していた気もします。自信を持って臨

SCEPTRE

めた一戦だったのでしょうか。

福田　試合前から違っていたと思います。帝京とは3年の春、ちょっとやれそうと感じたのに夏合宿ではまたボコボコにされて、対抗戦も負けて、でも決勝であれだけの試合ができた。前の年までとは自信の大きさが違いました。実際に勝てたことでいいスタートを切ることができました。

——帝京は相当準備していたという話も聞きました。明治はどのような気持ちで臨んだのでしょうか。

福田　僕らの年になって新しいことを始めたわけじゃないんです。満さんの代が1年間やり続けてくれて、結果は出なかったけど積み重ねられたから、僕らの代の結果にもつながったんだと思います。帝京とやるときは、80分間隙を見せないのが大事。それは、3年生のシーズンで感じていたことでもあって、4年時の札幌ドームでの試合は、23人全員が一瞬たりとも集中力を切らさず、80分間プレーできたからこそ、3点差で勝てたのかなと。

——チーム作りは順調に進み、対抗戦を迎えました。しかしそこから、シーズン途中で「うまくいかなくなった」というのは、具体的にはどのあたりでしょうか。

福田　時期的には対抗戦の慶應との試合のあたりですね。チーム全体でいうと春は帝京に勝って、自信もついた。優勝して、「明治、強い」とメディアにも取り上げてもらえた。その後、夏合宿でも帝京に勝って、天理には負けたけど、課題は明確だったし、チームの成長も感じていた矢先に慶應戦で負けてしまって……そのあたりから、キャプテンとしての難しさを感じるようになりました。

——田中監督は「一人で抱えすぎ」というようなことを言っていました。

福田　そのときはそうは思わなかったけど、もっとみんなに頼めばよかったと、いま考えるとそう思います。本当にみんなに頼るようになったのは大学選手権に入ってからですね。それまでも自分としては「一緒にやろうよ。頼むよ」と言っているつもりでした。キヨさんからは「本音で話せ」と言われていたんですけど、その本当の意味をわかっていませんでした。

——建前で話していた?

福田　自分でストップしているつもりはなかったけど、どこかで(本音を言うことを)止めている部分があったかもしれないです。

——気を遣ってしまっていたんでしょうか。

福田　いや、同期に気を遣うということはなかったです。言いづらさもありませんでした。ただ、人に伝えるうえでは本当に心の底から思っていることを口に出すことが大切ですよね。そうしないと、相手には伝わらない。口当たりのいい言葉を並べても、相手を心底納得させることはできません。

そんな感じが続いて、大学選手権前に、キヨさんに「1回、みんなでメシ行けば?」と言われて。でも、そのときはいつも本音で話しているけどな、何を話せばいいんだろうって思っていました。実際にご飯を食べに行ったときもずっと考えていて、最初それらしい話はしなくて、でも、これで終わるのは意味ないしと思って……とりあえず掘りごたつみたいなところに集まってもらったら、みんなすごく真剣な顔をしていて、その表情を見ていたら、自分もいろいろ話したいことが出てきて、本音をぶつけることができた。逆に自分が心の底から言ったことに対して、みんなもいろいろ言ってくれて……ああ、これが本音で話し合うということなんだなぁと。こういうことだったんだと初めてわかった気がしたんです。実際、次の日から練習がガラッと変わりました。

——何を言ったのかを覚えていますか?

福田　大学選手権、優勝できるかわからないけど、あと1ヵ月。もし早く負けても、そのときは4年間の達成感もあるだろうし、ああよかったと3ヵ月くらいは達成感に浸れるかもしれない。でも、10年後、20年後、後輩たちが優勝していく姿を見たら、「おれらももっとやっていればよかったな」って、絶対後悔すると思う。後悔が生まれないように、結果がどうあれ、やれることをやり続けようというようなことですね。そうしたら、みんなもいろいろ言ってくれました。先頭に立つ人間が心の底から言わないと、みんなも思っていることを言えないんだな、止めているつもりもなかったけど、みんなも思っていることがあったのに言いづらかったんだなというのがわかって、そこからチームが変わりました。

大学選手権決勝で勝てたのは〝準備〟と〝ルビコンの存在〟のおかげ

——自分が先頭に立ちながらも、他のメンバーに任せる部分は任せるように変えていったんですね。

福田　それまでは結果ばかりを追い求めていた部分もあっ

たと思います。キヨさんからも大学選手権の前に、なんでお前をキャプテンにしたか、わかるか？　といきなり言われて、「メディアには80分間走れるから、怪我しないからと言っているけど本当は違うよ。1年前の大学選手権決勝の最後チャージしにいったプレー。俺はあれを見て、お前にした。いま、そういうひたむきさを忘れていないか？」とアドバイスをもらいました。そこで気がついたんです。結果よりもスクラムハーフとしての本来の動き、ひたむきさ。そういう細かいところに気をつけていこう。それから自分にフォーカスしていくようになりました。

――東海、早稲田を破って進んだ2年連続となる大学選手権決勝。今度こそ、準備は万全だと感じていましたか？

福田　天理はあのシーズン、リードされて前半を終えたことがなかった。キヨさんがそれをデータで見せてくれました。決勝戦は明治のホーム状態になる。そこで明治がリードしたら、相手は絶対にパニックになる。だから、みんな前半の大切さはわかってくれていたと思うし、サインプレーも入念に準備しました。あの1週間は、選手同士で、ああでもないこうでもないというのを本音で意見し合えたのも良かったし、ルビコンがいい練習をしてくれていたのもチーム全体にいい影響を与えたと思います。大学選手権を勝ち上がっていった1ヵ月間は本当にチームにいい空気が流れていました。それはルビコンチームの存在があったからこそ、できあがったものだと思います。

Interview

「なんで優勝できへんのかな」1点差の悔しさが学生を本気にさせた

岡田明久

［在籍期間］1982～1985年
天理大学ラグビー部FWコーチ

——2018年度の大学選手権。17−22で敗れた明治との決勝戦を振り返ってください。

岡田　会場全体が明治のホームという雰囲気でした。準決勝のときは「どこが帝京を倒すか」ということで応援してくれましたが……天理の学生たちもこの空気に慣れていなくて、顔が引きつっているし、「早く緊張が取れたら良いのにな」と思って見ていました。ウチはラインアウトのミスが多かった。そして明治はタックルが徹底されていましたね。その結果、普段の試合ならトライに繋がるのに(トライ)できない。そこで浮き足立って、そのまま試合が終わったという感じです。

——前半3分、天理のフッカー島根一磨キャプテンが先制トライをしました。

岡田　開始早々にトライを取ることができたんですけど、まだ緊張はしているんですよね。そのあとの明治の素晴らしいディフェンスもあって、地に足が着いていない状況でした。後半の途中からようやくエンジンが掛かりました。

——決勝はどう勝つプランでしたか?

Profile
おかだあきひさ　明治大学卒業後ワールドでプレー。その後、天理高校で同級生の小松節夫(天理大監督)にFWコーチとして招聘される。長らくスクラム強化に務めてきた。

岡田　ウチのラグビーを徹底するだけですね。明治はタレントがいて、誰がキープレイヤーで、どんなチームか大体わかっているので、あとはスクラムでどれだけ圧倒して、ラインアウトを安定させるかでした。

――ラインアウトの安定が勝利のためのカギだったと。

岡田　ラインアウトで明治からあれだけプレッシャーを掛けられるとは想定外でした。天理のラインアウトは正直そこまでうまくないですけど、それ以上にミスしたのは、やはり雰囲気ですね。普段しないミスまでしましたから。

――関西で強烈なアウェイを感じることはないですよね。

岡田　関西ではファンの方がだいたいチームごとに固まって応援するんですよ。でも決勝のときは、天理の応援席にも明治のジャージーを着た人が混ざっているし、全体で明治を応援しているという感じになった。あの子たちは決勝の舞台なんて経験したことがないから、言葉では「大丈夫です」と言っていても、始まったら目が吊り上がってね。ハーフタイムで帰ってきたときに「雰囲気ちゃうやろ」と言っても、返事もしない。明治のプレーがどうというより、緊張してしまって、自分たちのやりたいことができないもどかしさは、僕自身すごく感じていました。

スクラムでは手ごたえをつかめた大学選手権決勝・明治戦

――スクラムには自信がありましたか？

岡田　スクラムは絶対に行けると思っていました。出鼻をくじいたら明治はシュンとなるから、まずそこで勝負しようということでした。

――ちなみに、関東と関西でスクラムの違いがあったりするものでしょうか？

岡田　関東は良い選手を集めているから、わりと個々で組んできますね。明治もこれまで形があるようでなかった。明治のスクラムに対して、フロントローさえ組み勝てば押せる、という自信はありました。

――帝京の10連覇を阻止した大学選手権準決勝でも、スクラムは大きな武器になりました。

岡田　帝京戦もそうでした。帝京は夏合宿の練習試合で組んだときに変わったスクラムを組んできたので、そこで少しやられてしまいました。ただシーズンに入って、あの子たちもどんどん成長していって、最終的に帝京と組んで試合後に聞いたら「重かったけど、ファースト・スクラムで

『行ける』と自信を持てました」と。よく学生に言っているんですけど、柔道や相撲でも、自分のやりやすい組み方をするでしょう？　スクラムでも、小さいほうがやりたい組み方ができたら、相手が重くても押せるんです。

――明治戦でもファースト・スクラムから選手は手応えを得ていた？

岡田　相手ボールのスクラムは無理して押すから、反則をよく取られるんです。アングルとかですね。だからマイボールが勝負。ファースト（スクラム）は22メートルライン付近のときで、グッといったら崩れたから「これはいける」と自信がつきましたね。やっている選手たちが一番感じたようです。

――後半13分、明治ボールのスクラムで押され、この日初めてペナルティを奪われました。

岡田　一本だけ後半に押されたのは、ウチの油断です。スクラムで行ける自信を持っていたから、あそこでは押してこないと思っていた。そこが明治のうまさ。油断しているなと思ったときにグッときて。ウチのＦＷは「まさか明治が押してくると思いませんでした」と言っていました。組み負けたんじゃなくて、押してこないと思っていた。

――劣勢の突破口はどこにあったのでしょう？

岡田　島根が後半途中から活躍しましたね。点差が空いていたから、開き直ったんでしょう。身体を当てて、他の選手もエンジンがようやく掛かってきたんですね。

――後半35分のトライ＆ゴールで5点差に詰めましたが、届きませんでした。

岡田　やはり（エンジンが掛かるのが）遅かったですよね。そして前半の最後のトライチャンスでも取りきれなかった。不完全燃焼のまま後半に入ってしまいました。あの辺りの、ココという部分の粘りが明治にはありましたね。

――試合後、田中監督と会話を交わしましたか？

岡田　終わってから「スクラム完敗でした」と言いにきました。こっちは「優勝してんから、お前らの勝ちや。言わんといてくれ」と（笑）。彼には「春と夏に天理に負けて、ウチも『これはダメだ』という気持ちになっていた」「天理さんのおかげでまとまりました」と褒めてもらいました。よく明治もここまで持ってきたなと思いましたね。

――やはり前半の緊張が悔やまれますか。

岡田　天理大学の理事長が、オリンピックに出た大野（将平／２０１６年リオ五輪・柔道73キロ級金メダリスト／天理大学出身）に、天理が決勝で負けた話をしたそうです。そうしたら大野は「ただの練習不足です。練習して強かったら勝てます。雰囲気に呑まれても、30点差で勝てる相手には勝てます。接戦で負けるのはただの力不足」と。それを聞いたときは「なるほどな」と。人はナンボ入ろうが、勝つ自信があったら、緊張はしないですよね。

——では、2019年の天理の練習はきつくなっていますか？

岡田　スクラムは数を増やしていますね。バテるんですけど「やります」と言いますからね。「これはおもろいなと」と思ってやっています。

北島先生のイズムはいまの天理にも流れている

——岡田コーチの時代の明治は、どんな雰囲気でしたか？

岡田　昔は上下関係が厳しくて、4年生は神様で1年生は奴隷みたいな感じでしたね。だから練習でも気が抜けなかった。僕らのときは北島先生がいて、北島先生は高校ジャパンだろうが特別扱いしないんです。高校ジャパン、高校ジャパン候補でも2軍、3軍が多かった。ワンプレーで3軍まで落ちることもあるので、危機感がありました。

——ちなみに北島先生が教えるスクラムとは、どんなものでしたか？

岡田　逃げるスクラムを組むな、と言われていましたね。押されたら、まっすぐ押されろ。押せるなら、まっすぐ押せ。押されたら落とすチームもあるでしょう？　押されるのが嫌だから。駆け引きするチームもある。でも、北島先生は「押すんだったら押せ、回したり落としたりするな」と指導されていましたね。

——まっすぐ押すか、まっすぐ押されるかのどちらか、というスクラムなのですね。

岡田　プロップは押されるのが嫌で落としたりするんですね。でも「ラグビーは人生だ」と。「逃げるな」と。逃げずにぶつかっていけ、ということですね。「まっすぐぶち当たって、それでダメだったら考えろ」と。ぶち当たるのが嫌だから逃げるんじゃなくて、ですね。「前へ」というのは、そういう意味があるんです。

——もしかして北島イズムがいまの天理のスクラムに入っているのでは？

岡田　あります、あります。よく「押されたらこっちに逃げたら良い」とか言われるんですけど、最初から逃げてい

たら向こうが調子に乗るし、こっちが押した気にならない。逃げたらいけないんです。

――ちなみに、天理のスクラムが強くなり始めたのはいつ頃ですか？

岡田　ちょうど立川（理道／天理大卒）が卒業したあとくらいですね。それまでのスクラムもそこそこ強かったですが、圧倒する力はなかった。それまでは京都産業のスクラムがナンバーワンでした。それで4、5年前にスクラムを復活させようということで力を入れて、そこからですね、学生の気持ち、意識も変わりましたね。

――明治相手にスクラムで勝ち始めたのもその頃ですか？

岡田　立川（理道）のときに、夏合宿で明治と菅平で初めて練習試合をしました。そのとき確か1、2点差で勝ったんですが、明治はFWが圧倒的に大きかった。スクラムでは、天理が小さいので、小さいほうが落としたと見なされていましたが、僕から見て組み勝っていたので、「練習をした結果が出ているな」と。天理が他の大学にスクラムで圧倒するようになったのは去年、一昨年のメンバーですね。去年も明治と春、夏合宿と招待試合でやらせてもらって、どっちも勝ったときもスクラムは押し気味でした。ですから組み勝っているから、仕上げていったら絶対に行ける、という自信は学生たちも持っていたと思います。

もっとしんどいことをやらないと、試合で泣くことになる

――OBとして近年の明治をどうご覧になっていましたか？

岡田　僕のなかでは「こんだけ良い選手がいるのに、なんで弱なったんかな」みたいな不思議なところがありました。北島先生が亡くなってから、誰が次の監督になるかということもあった。ただ最近は、丹羽前監督が来てからきっちりとしたラグビーをするようになったし、その頃にウチとも練習試合を組んでくれるようになりました。ただここ一番での粘りはなかったですね。

――丹羽監督時代の明治はどう見ていましたか？

岡田　タレントは揃っているから「いつ化けるかわからん」ということをずっと思っていました。そして「なんで優勝できへんのかな」と。1点差で帝京に負けたときも、ちょっとした甘えで1点差だったけど、目の色が変わったのはあの1点差があったからだと思います。その前に、丹羽前監督のときから悔しさを教えていたけど、経験しないと学生

にも伝わらないので。悔しさを持って1年間頑張ったから、良いチームに仕上げてきましたね。

――現在の田中監督はどうご覧になっていますか？

岡田　サントリーでラグビーをしていて、ラグビーのプレーしか知らなかったんですけど、僕が明治と知っていたから挨拶に来てね。すごく人懐っこい人間なんですわ。

――明治はこれから連覇へ向かいます。天理も全国では追いかける立場です。

岡田　他のチームからしたら、目標は関東だったら明治、関西だったら天理です。でも、去年と同じことをしていたら絶対に抜かれます。まず練習で「もっとしんどいことをやらないと、試合で泣くことになるで」と言っています。去年10回やっていたことを15回やる。内容も数も増やしていかないと、上には行けないと思っています。

Interview

明治には結果だけでなく、勝ち方にもこだわってほしい

永友洋司

[在籍期間]1989～1992年(92年度主将)
キヤノンイーグルスゼネラルマネージャー

Profile
ながともようじ　1971年3月14日生まれ、宮崎県出身。都城高校を経て明治大学に進学。在学中は対抗戦3連覇、大学選手権連覇に貢献。卒業後はサントリーに入社。日本代表通算8キャップ。現在はキヤノンイーグルスでゼネラルマネージャーを務める。

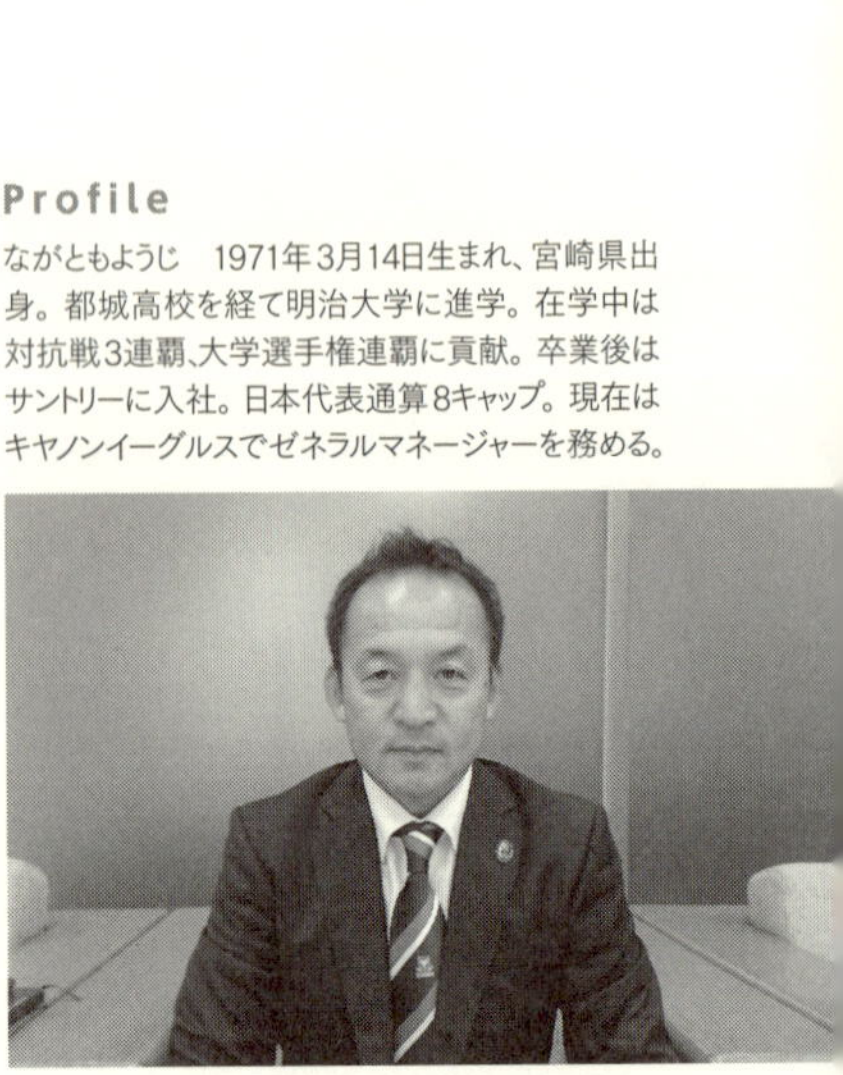

——丹羽前監督が就任した2013年度以降のチームに、どんな印象をお持ちですか?

永友　当時は現場(キヤノン)のGMになる前で、ヘッドコーチとして母校にお邪魔させて頂きましたけれども、「勝ち方が変わってきたな」と思いましたね。ラグビーにはいろんなスタイルがありますが、僕が言っている勝ち方が変わったというのは、ラグビー以外の部分です。明治のラグビー選手という以前に、一人の学生として、人間としてどう成長していくか、というところを指導されていると感じました。ラグビー以外の部分でのコーチングがすごく変わってきたのではないかな、という印象はすごく持っています。

——たとえば、挨拶といった部分でしょうか?

永友　当然ながら挨拶や、グラウンドでの雰囲気もあります。選手・スタッフは、グラウンドに来ている方たちに対しても関係者問わず近くを通りがかった際には当たり前のように挨拶をしてくれています。あとは我々のときもそうでしたけれども、グラウンドに最後まで残って見ている

と、レギュラーではない選手たちが裏方の仕事を一生懸命にやっている。こういう文化を築いていくことによって強くなっていけるだろうな、と。それをやれば勝てる、というわけではないですが、そういうことができないチームはやっぱり勝てないかな、というのは経験上感じることですね。やはり丹羽さんの性格、キャラクターがいい影響を与えたと思います。

――丹羽前監督は住み込みで指導されていました。

永友　本当に大変だったはずです。常に選手と一緒にいるわけですから。いろんな苦難を経て、いまの明治の基礎を築かれたのだなと思います。

――やはりグラウンド外の過ごし方、態度がプレーに影響するのでしょうか？

永友　ラグビーは普段の生活のなかでの取り組みなどがすべて出ます。言ったことを守らない選手たちは、やっぱり試合中も何かしらペナルティを犯してしまいますよね。またラグビーは絶対に15人がまとまらないと勝てないスポーツですから、「こいつのために頑張れるか」というところで「嫌だ」と思ってしまったら、勝てないですよね。

丹羽監督から田中監督へ情熱が良い形で継承されている

――田中監督は明治、サントリーの後輩でもありますが、就任以前の明治と比べ、どんな変化を感じましたか？

永友　これをやれば勝てる、という自信を選手に植え付けましたよね。選手たちが自信を持って戦っている。そして、軸を一つ持ったという点が大きかったのかなと。それは田中監督がトップリーグのトップチームで経験してきたことが影響していると思います。田中監督が（サントリーで）現役を終えて、サントリーラグビー部にマネジメントで携わってきたことが非常に大きいですね。いままで築いてきたものに、さらに上積みされていると感じます。あとは田中監督の並々ならぬ努力と情熱ですね。丹羽さんのときもそうでしたけれども、教える側の熱量はすごく選手たちに伝わるので、それが丹羽さんから田中監督へと、良い形で伝わっているように見えます。

――田中監督が指導する練習から感じたことは？

永友　常に試合をイメージした練習をやっていますね。練習の強度、質が大きく向上している。ゲームでは常に

100％でやるわけですから、練習にもそこを求めている。もともと明治には全国からトップの選手たちが入ってくるわけですから、もともと持っている素質をそこまで引き上げていくところが、田中監督のすごさであり大きくチームを変えた一つのポイントだと思います。またコーチ陣も田中監督、選手の為に常に学ぶ姿勢を忘れず、努力している姿を私は知っています。そこも大きい。

――明治ではこれまでも、復活へ向けていろいろ苦労された時代があったと思います。

永友　当然ながら丹羽さん、田中監督の功績は大きいですが、いままで20年間バトンをつないできた人たちの功績が、いまに役立っていることは間違いありません。そこに田中監督がトップリーグから持ってきた経験、エッセンスを注入して開花したのだと思います。強くなるべくして、この結果かなと感じています。

北島先生からはラグビー以外にも「軸を持って生きていく」ことを学んだ

――昨年度の大学選手権決勝はどこでご覧になられましたか？

永友　（会場へ）観に行きましたよ、もちろん。準備したものがしっかり出せたな、という試合でしたね。「こうなったらこうだな」という絵を描けていました。ただ、試合前の下馬評で言えば、ラグビー関係者からしても、帝京大学さんを倒して勢いもある天理大学さんのほうに少し分があるのではないか、という評価でした。シーズン終了後に田中監督と話したのは、対抗戦で4位という成績に終わって、大学選手権で非常にきついブロックに入った。そこが逆に明治にとっては本当に良かったのではないかなと。まずは、東海大学さんが一つの山かなと見ていました（大学選手権準々決勝／18－15）。僕も観に行きましたけれども、田中監督もここを越えられれば、という思いはあったのではないでしょうか。先を見据えるのではなく、一戦一戦戦わなければならない状況で、選手が試合をするたびにレベルを上げて成長できた。そこも大きかったですね。ですから決勝戦も準備したものをやったら勝てる、という自信を持ったプレーが出ていました。

――永友GMが明治でプレーされていた当時の強いチームの空気感と、変わってきた現代の明治と、共通点は感じますか？

永友　先ほども言いましたように、軸ができてきたと思います。僕らのときは、北島先生から「前へ」ということをよく言われました。だから、それをやり切るんだ、というところが僕らの時代でもありました。強いチームはやるべきものがしっかりと見えている。戦い方にしてもですね。当然ながら僕らがやっていた時代の戦い方からは違っていますけれども、明治はこれをやったら勝てる、という武器をやっぱり持っているなと。そこがやっぱり共通している部分ですね。

——改めて、北島忠治先生とはどんな存在だったのでしょうか?

永友　私は北島先生に、人としての生き方をすごく学びました。ラグビーもそうなんですけれども、しっかりと軸を持って生きていくということを教わりました。そういった意味では幸せな時代に先生に教わりました。いつか北島先生を超えたいという風にはすごく思います。そういった目標を持てる方がいるということは、幸せなことだと思っています。根底には「前へ」という部分が、いまでも明治のなかにプレーでも見えますよね。やっぱり。しっかりと身体を当てていきますし。ベースの部分をしっかりと残していきながら、いろんな形でアレンジを加えていっていると感じます。

——強い頃の明治は良い意味での競争意識があり、どのカテゴリーもレベルが高い、というイメージがあります。

永友　確かに自分たちのチームのなかにライバルがいることで、当然ながら、より一層自分たちの能力を伸ばしてもらえますよね。そういった環境というのは、全国に散らばっているリクルーターの方々の力がすごく大きいです。丹羽さんの代になってからそこも整備されましたが、全国のトップクラスの選手たちをリクルーターの人たちが見つけてくる。さらに高校日本代表クラスの選手は結構取り上げられますけれども、そうではない素質ある選手もしっかり発掘している。ここは大きく変わった部分ですね。高校時代の実績があるなしに関係なく、才能豊かな選手が全国から集まり、切磋琢磨していくわけです。こういう環境は、チームが伸びていくうえで、一つのポイントだと思いますね。

「守る」のではなく、新しい明治を築いてほしい

——改めてこの5年間で明治に対して印象に残っていることを教えて頂けますか?

永友　やはり八幡山での選手たちの取り組みが、一番印象に残っています。近年はトップリーグで活躍している選手たちも多くいますね。

――そうですね、OB選手が社会人でも活躍しています。

永友　ただ我々企業の人間が選手を採用するにあたって、決してラグビーの力だけで判断するわけではありません。いつかは現役を終えます。終わったあとにどういう風な人生を歩んでいくかを見据えたとき、僕はやっぱり八幡山での姿、試合に出ても出られなくても真剣にラグビーに向き合う、明治でのこうした取り組みが、社会人として通用できる人間を育てているんじゃないかなとすごく感じます。

日本代表の視点で言えば、今回は明治出身者が少ないので、次のワールドカップには明治のOBが食い込んできてほしいですし、楽しみにしています。

――今季は対抗戦優勝、大学選手権連覇を期待されています。そのためには何をすることが必要だと思われますか？

永友　今度は追われる立場になっていきます。いままではチャレンジャーとしてガムシャラにやってきた。守るという意識を持ってしまうと、どうしてもチームに対し組織の内外からいろんな要素が入ってきます。幸いにして学生は毎年入れ替わっていくのでチーム状況は変わりますから、守るというより、改めてまた新しい明治を築いていくんだ、という気持ちで戦ってほしいですね。もちろん根底にあるのは、明治大学ラグビー部が着実に成長している、ということ。いい形ができあがってきていますから、そこからぶれることなく引き続き強化に取り組んでほしいです。

そして今後は学生スポーツの意義を考えながら、ラグビー部のみならず、明治大学体育会全体のブランドの価値を上げていくことも必要かなと感じています。そうした中心に明治大学ラグビー部がいてほしい。ラグビー部がリーダーシップを取りながらと言いますか、誰が上とかじゃないですけれど、やっぱりこれだけ多くの根強いファンが全国にいらっしゃるわけです。ぜひラグビー部が率先して明大ブランドの価値をより高めてほしいですね。

――最後に、今後の明治大学ラグビー部への期待をお聞かせください。

永友　ファン、OB、関係者としては当然ながら日本一を見たいんですけども、そう言ってしまうとチームにはプレッシャーになると思いますが……宿命ですよね。今年、大学選手権連覇を狙えるのは明治大学ラグビー部しかいな

いわけですから、そこに挑戦できる喜びを力に変えて悔いを残さないようにしてほしいです。そしてやはり勝ち負け以上に、明治らしい戦い方にこだわってほしいですね。

Interview

常勝を目指すからこそ新たなチャレンジが必要

元木由記雄

［在籍期間］1990～1993年（93年度主将）
京都産業大学ラグビー部ヘッドコーチ

——明治が強くなったと感じた時期はいつですか？

元木　丹羽（前監督）さんが監督になって、終盤ぐらいじゃないでしょうか。就任当初は、体制面や選手のラグビーに取り組むマインドという点で、あまりうまくいっていなかったんじゃないか、という感じはあります。上向いたところで田中（現監督）に変わった。そんな印象を受けます。

——明治はここまで22年間、優勝から遠ざかっていました。

元木　北島先生が亡くなって、チームの土台がぶれていた時期が長かったような気がします。なかなかチームとして「これだ」ということが定着することがなく、安定した力を出せなかったということが続きました。

——北島先生の指導を経験されている元木さんにとって、北島先生とはどんな存在ですか？

元木　明治の象徴というか、明治そのものですよね。北島先生の「前へ」というものがあったので、チームとしてぶれることはなかったです。

——丹羽前監督の取り組みをどうご覧になっていましたか？寮に住み込んで私生活などを改善されていました。

Profile

もときゆきお　1971年8月27日生まれ、大阪府出身。大阪工大高校を経て明治大学に進学。1年時からレギュラーとして活躍し、3度の大学選手権優勝に貢献。4年時には主将も務めた。卒業後は神戸製鋼でプレー。日本代表通算79キャップ。現在は京都産業大ラグビー部のヘッドコーチを務める。

元木　常勝軍団に返り咲くために試行錯誤をされていたと思います。選手のマインドは1年、2年で変わる話ではありません。大変だったはずです。土台という部分で、良い基礎を築かれたのではないでしょうか。

――昔の明治は、キャプテンに大きな権限があったそうですね。

元木　基本的にキャプテンがいろいろ決めていました。私生活の面から練習のメニュー、選手選考――すべてがキャプテン中心です。ですから意識が高ければ、自主性という面で良いチームができます。

京都産業HCの立場から見た明治ラグビーのクオリティ

――HC（ヘッドコーチ）を務める京都産業は、関西リーグの上位に定着しています。

元木　もともと京都産業はポリシーが確立しているチームです。大西（健）監督がひたむきな文化を作られたと思います。

――2016年の大学選手権3回戦では、京都産業のHCとして母校と戦いました。当時の明治をどうご覧になっていましたか？

元木　映像を見ているとチームに波があり、つけいる隙はあるのではないかと感じました。ただ、もともと力の差があるので、我々はチャレンジャーのつもりで戦いました。

――明治の「重戦車」はいまも健在、という印象ですか？

元木　やはり基本はFWが強くて、FWでペースを掴んでいく。ただ、FWが強いだけではもう勝てない時代ですね。全体的な組織や動きがあったなかで、自分たちの強みがどこだと言ったら、FWに強みがあって、それ以外は普通にプレーができます、ということが必要ですね。

――2016年の大学選手権では、どんな作戦で明治を上回ろうとしていたのですか？

元木　どう考えても、明治のほうが実力は上なんですよね。京都産業としては、自分たちの強みで崩していく。「明治に対してこうする」というより、自分たちの強みで崩していきながら、自分たちの弱みを消していこう、という戦い方です。

――京都産業の強みとは？

元木　セットプレーでプレッシャーをかけ続ける。そしてディフェンスで失点を減らす。そういった形になりましたね。やはり動き始めたら明治のほうが数段上なので、そう

いった場面は作りたくなかったですよね。ディフェンスでは早く相手のアタックを断ち切る、という意識はありました。

——注意していた明治のキーマンは？

元木　バックスで言うと、やはり梶村（祐介）。彼がキーマンだという話をしていました。

——元日本代表のセンターとして、後輩の梶村選手をどうご覧になっていますか？

元木　身体の強さはありますね。経験を積み、スキルをつけ、日本を代表するセンターになってほしいです。

——試合のスコアは26－22で、京都産業史上初めて明治から勝利を奪いました。試合直後には涙もありました。

元木　明治に勝ったから涙していたわけではなくて、ウチの選手がよく頑張ってくれていたので、「よくやっているな」ということで。ただ、格上の相手なので、そこに勝ったということはウチにとっては大きな力になりました。

——話題を変えます。田中監督をどうご覧になっていますか？

元木　良いコーチングをしていますよね。ゲームを見ていると、「チームとして何をしたいか」ということをみんなが理解している。チームをまとめるのがうまいのだろう、というイメージを持っていました。

——田中監督がHCだった2017年にも大学選手権（準々決勝）で明治と対戦しました。2年連続で対戦した当時の明治をどう見ていましたか？

元木　力を100％出している、という印象ですね。自分たちの持っているポテンシャル、力を100％出せる——そういう試合は、実際ほとんどないんですよ。

——その年準優勝する明治を相手に、6点差の惜敗（21－27）でした。このときはどんな作戦で臨んだのでしょうか？

元木　我々はそんなにたくさんの作戦を持てるチームではありません。細かい戦術はありましたが、やはり自分たちの強みをいかに出していくか、に尽きます。あれも惜しい試合でした。ゲーム自体はほぼ互角。十分に勝てるチャンスもあったと思いますが、一つのミス、自分たちのミスで、2本ぐらい取られてしまったんですよね。格上の相手にはそういう簡単なミスから崩されるものだ、と改めて感じました。

明治の日本一は、嬉しい反面悔しさも大きかった

――2018年度の大学選手権での対戦はありませんでした。そして明治は22季ぶりの大学日本一を掴みました。

元木　決勝は本当に良かった。それまでは、実力を完全に出しきれていないゲームが結構あったと思うんですよね。

――明治は対抗戦では3位タイでしたが、4位扱いで大学選手権に臨みました。

元木　自宅で決勝戦を観ていましたが、「チームが変わったな」と。天理戦で明治は高い集中力をもって試合に臨みました。しかも自分たちのやろうとしているラグビーを最後まで貫きましたね。そういったことができるようなチームになった、ということなのではないでしょうか。

――大一番で100％の力を発揮した。

元木　そこまでにするということは、すごく難しいですよ。ポテンシャルや能力があっても、チームに力を出させるということがどれだけ難しいか。そこを丹羽さんが土台作りをして、澄憲がそれをまとめて力を出せるようなチーム、メンタルにした結果が、あの決勝戦につながったのだと思います。それにしても、あんなに強い明治を見たのは久しぶりでした。強かった。

――明治の仲間の反応はどうでしたか？

元木　決勝戦前日、僕は仕事で行けなかったですが、みんな集まっていましたね。ただどっちかというと僕はOBではあるけれど、(大学ラグビーのHCとして)同じ土俵にいます。そういう目線で試合を見ることのほうが大半です。決勝にいられない悔しさが強い。ですから、明治の日本一は嬉しい反面、悔しいという気持ちが非常にあります。

2019年の明治は、本当の強さが試される1年

――元木HCは大学4年間で3度の大学日本一を経験しました。元木HCの時代の〝常勝明治〟と、22季ぶりの優勝をした明治との共通点は？

元木　力を出し切るメンタル、ということは共通するんじゃないですか。俺たちのときは、常に力を出すチームだったので。

――明治の主将を務めたときはどんなチームでしたか？

元木　僕が3年生のとき、V3がかかっていた試合で法政

に負けたんですよね。4年生になったときは、みな死に物狂いで練習しましたから。いま考えても、よくあそこまで練習できたなと思います。1年生から4年生までが、学年関係なしにワン・チームになって取り組んでいました。すごく良いチームでした。

――実際にどんな練習をしていたのですか？

元木 身体を当てまくっていましたよね(笑)。とんでもない練習をしていました。グラウンドに入ってから出るまでは、試合と同じテンションでした。それを365日、毎日やっていましたから。

――練習を試合より厳しくする、というのは現代のトレンドでもありますね。

元木 明治は絶対に負けたらダメだ、明治は勝たなくてはいけない、という思いがチームにあったので、だからこそできたことなんでしょうね。

――「明治は勝たなくてはいけない」ですか。

元木 常に優勝がターゲットにありましたから。

――いまの明治で注目している選手はいますか？

元木 フッカーのキャプテンの武井(日向)。2年生のときからずっといいなと思っていました。ボールキャリアとして相当優れていますね。あれだけ動けたら良い選手になると思います。卒業した子で言えば、報徳学園出身で神戸製鋼に行ったフランカーの井上(遼)ですね。

――今後ですが、明治や神戸製鋼で〝常勝軍団〟を経験している元木HCから見て、明治の今後をどう見ていますか？明治はこれから連覇へ向かわなければなりません。

元木 一つはターゲットの持っていき方でしょうね。よりレベルの高いターゲットと、より強度の高い練習を続けていく。あとは新しいものを取り入れていくということじゃないですか。一緒のことをしていくと、チームの力は平行線を辿っていくので、下のチームにすると捉えやすくなってくる。より新しいものにチャレンジしていく、ということがすごく大事なのではないでしょうか。

――常勝軍団はどんなマインドを持っているのでしょう。

元木 難しいですね。ひと言では表現できないですが、チームに対するプライドはすごくありますね。「俺たちは神戸製鋼だ」とか。ただそれは勝っていくなかでついていくところもあります。あとは「よくラグビーがわかっている」「節目を抑えている」とかですね。隙のあるチームは勝てないと思うので。隙を出さないとか、そういったチームが勝っていくのだと思います。

——明治は今年の目標をどこに据えるべきでしょうか。

元木　今年はとりあえず「連覇」でしょう。1回勝って終わるのではない。力がついていないと、連覇はなかなかできません。そういう意味では、今年は本当の力が試される年になりますね。

Interview

強い明治にはいつも強いマインドが備わっている

神鳥裕之

【在籍期間】1993〜1996年
リコーブラックラムズGM兼監督

Profile
かみとりひろゆき　明治大学ではNo．8として活躍。22年前、大学日本一に輝いたメンバーの一人。卒業後はリコーに入社し、2006年まで11シーズンFWとしてプレー。引退後は採用担当やチームマネージャーなどを歴任。

——丹羽政彦氏が監督に就任した2013年の印象を教えてください。

神鳥　ちょうど丹羽さんが監督になったとき、僕は同じタイミングでラグビーの世界に戻ってきたんですよ。リコーの採用担当です。丹羽さんにはお世話になりました。丹羽さんが来て一番変わったのは、学生の質ですね。昔はいろんな髪型の選手がたくさんいました。髪を黒くすればいいというわけではありませんが……学生としてラグビーとは遠いところでもしっかりしなければいけない。丹羽さんが来られてから、チームの変化はすごく感じましたね。

——丹羽前監督は寮に住み込んで指導しました。

神鳥　住み込みで指導されていることは大きかったと思いますよ。学生と一緒になって、かなりいろんなコミュニケーションを取ったと聞きました。対外的に来てラグビーだけを教えるよりは、学生の私生活も見えます。マインドをチェンジさせた、という印象を持っていますね。

——そのことで、明治の成長を予感しましたか？

神鳥　良くなっていくなと思いましたね。ラグビー以前の規律、学生のマインドが変わりました。そこに(田中)澄憲というサントリーでも活躍し、トップレベルのコーチングという経験を持つ人材が入ってきた。ラグビーだけではなくて、そういった部分を見ていて、『強くなる』という感じはありましたね。

――グラウンド外で規律正しく過ごすことで、ラグビーの力も向上するのでしょうか?

神鳥　結論を言うと、根拠はないと思います。ただリコーでも同じことを言っていますが、1日24時間あったら、練習でグラウンドに立つ時間は1、2時間くらいですよね。ということは、それ以外の22、23時間のなかで正しい判断をする癖をつける。たとえば、ロッカーをキレイにすれば優勝できるわけではないんですけど、どちらのほうが良いだろう、ということです。そういう癖をつけておくと、グラウンドのなかでラインを踏むか踏まないか、というところで正しい判断ができたり、理性を保ったまま正しいプレーができたり。あとは気持ちの面ですね。普段いい加減な選手が「規律を守れ」と怒鳴っても辛いですよね。そこで信頼される人材になるためにやっていこう、というところだと思うんです。そういうところは、明治はかなりできてきたという印象を受けます。そこは率先して丹羽さん、澄憲はこだわって作っていました。

1学年下の田中澄憲からも学び、刺激をもらった

――田中監督が2017年にHC(ヘッドコーチ)になったとき、どんな感想を持ちましたか?

神鳥　すごく良い人選だと思いました。さきほど丹羽さんが監督になったときにリコーの採用担当になった、という話をしましたが、当時のサントリーのリクルーターが澄憲だったんですよ。彼のほうがリクルーターとして先輩だったので、「教えてくれよ」とか言って情報交換をさせてもらいました。そこで彼の回答であったり、選手眼だったりを見ていると、やっぱり卓越している部分がありました。リーダーとしては一番良い人材なんじゃないかなと感じました。

――どんな助言をもらったのですか?

神鳥　たとえば、フィールド以外の部分でアドバイスをもらったり。僕がプレイヤーとしていいなと思った選手でも、澄憲は「確かにプレーは良いですが、練習の面でレイジー

(怠惰、怠ける)な面がありますよ」とか。彼の持っている価値観というのはすごく助けになりましたし、勉強させてもらった部分はありますね。

——田中監督は1学年下ですが、大学時代はどんな選手でしたか?

神鳥　自己主張がしっかりしていて、良い選手でした。気持ちは強かったですよね。9番として上級生、下級生関係なく、しっかりとFWに指示を出していた。当時はラグビーと私生活を分けることが難しい環境だったんですけど、試合に出ると、きつい言葉を出しながら頑張っていましたね。「9番目のFW」と言ってもおかしくないくらい強い選手でした。

選手に考えさせるやり方がチームに浸透してきた

——田中澄憲氏が監督に昇格した昨年(2018年)の明治には、どんな印象を持っていましたか?

神鳥　チームが同じ方向を向いているという感じがしましたよね。優勝という目標と、その目標に対してより具体的に「チャンピオンになるんだ」という絵を、監督が見せることができていた。どうすればチームが優勝できるか、というところで、全員が同じ絵を描いていると思いました。

——昨年のチームの強みはどこにあると感じていましたか?

神鳥　セットプレーが強くて、ブレイクダウンの精度が高い。そしてしっかり速いテンポで球が出ればトライを取れる。さらに前年に準優勝に終わったという強い気持ちをつなげられるよう、監督が選手に考えさせる、というやり方がうまく浸透している感じはしました。

——田中監督がリコーを訪ねてきたこともあるそうですね。

神鳥　ミーティングや練習を見せてほしい、という連絡をもらって、何度も来ていますね。ヘッドコーチになってからも、監督になってからも来たと思います。我々はミーティングも練習も基本的にオープンなので、どういう組み立て方でやっているかを見せました。彼自身もサントリーでトッププレイヤー、トップコーチを経験していますので、私も彼の持っている経験を知りたかった。情報交換もできました。ただ、彼はとにかく、自分を高めるための努力がすごいなと。見習わなきゃいけないと思いました。

——昨年は明治と合同練習をやったそうですね。

神鳥　やりました。練習試合もやりましたよ。去年の7月

かな。網走合宿の前だったと思います。普段は我々も試合をやらない時期だったんですけど、澄憲が「やりたい」ということで来てくれたので、1試合だけ。

――リコーの外国人選手も出場したのですか?

神鳥　そうですね。当初はBメンバーを出して、若い選手たちのトライアルの場に、と考えていたんですけど、彼ら(明治)にとってプラスになるのであればと。大学生をしっかりリスペクトして、網走キャンプをより良くするために得るものがあるという意味においても、外国人選手も起用しました。

――大学選手権決勝の相手は、海外出身選手3人を含む天理。あの決勝戦の印象はいかがですか?

神鳥　天理戦のディフェンスはすごかったですね。あの場面でクオリティの高い、激しいディフェンスができたのはビックリした。「優勝したい」という、この舞台で味わった悔しさがここで活きた、というか。メンタルの強さというと言葉は薄いけれども、あの場面で精度の高い規律を見せましたね。

――決勝はどこでご覧になっていましたか?

神鳥　我々(リコー)のスケジュールと重なってしまって、移動中だったんですね。新横浜駅の待合室で見ていて、新幹線に乗ってからワンセグで見るという(笑)。分析の目線ではなくて、OBとして見たという感じですね。

――新幹線の車内でずっと見ていた。

神鳥　周りの迷惑にならないように、ですね。周囲が我々だけだったこともあって、終わった瞬間は声が上がっていましたね。スタッフでは明治は僕だけですが、選手では明治と天理の出身者がいますので。大学選手権はみんな興味があるんで、全員が見ていたという感じですね。

――22年前の優勝メンバーである同期、後輩の皆さんも喜んでいた?

神鳥　我々の同期でつながっているグループLINEでは「良かった」というやりとりがあったり。澄憲に対して、お祝いのメールをみんなが送っているようなことも聞きました。いろんな形で、みんなで喜びを分かち合いましたね。嬉しいですよね。最後に優勝したのは僕たちだったので、誇らしい気持ちではありましたよね。今年からは(22年ぶりと)言われなくなると思いますけどね(笑)。

――22年前の優勝チームと、いまの明治の共通点は?

神鳥　うーん、時代もラグビーも、全然違いますよね。取り組みにしても、何から何まで。いまの選手のほうが圧倒的にしっかりと真摯にラグビーに向き合っていますし、ラグビーに携わる時間、コーチングの質、入ってくる情報、学ぶ意欲、いまと昔とは全然違うのでね。そこで共通点を探そうとなると、やっぱりマインドの部分しかないと思うんですよね。

――メンタルの部分での共通点というと？

神鳥　僕が感じる唯一の共通点は――僕らの頃はある意味、優勝して当たり前だったんですね。ちょっと前の帝京に近いところがあった。負けることなんていうのは想像すらしていませんでした。よく諸先輩方にも「明治で一番良い時代だ」と言われます。「僕たちが一番」という意識、「勝てる」というマインドは非常に強みでもありました。いまのチームも、2017年度に準優勝したことで、「優勝できる」「優勝するんだ」「帝京にも勝てる」というマインドを持つことができて、土壇場にも強くなれた。「勝てる」「勝ち切る」といった部分は、共通項としてあるんじゃないかなと想像しますね。

――優勝できるというマインドが重要なのですね。

神鳥　優勝というものに対して、選手たちがどれだけリアルに組織のなかで考えることができるか。「優勝するんだ」という声に対して、どれだけの選手が、腹の底からコミットできているか。そこでチームの推進力、パフォーマンスが変わってくると思うんですよ。

去年の明治をライバルに――チャレンジャーの気持ちを忘れないでほしい

――2019年、明治は追われる立場になりました。

神鳥　一般的にも難しいフェーズと言いますよね。追いかけるほうが強いということは、勝負の世界ではよくある話です。これから追われる立場になってくると、それを維持していくのは本当に難しいと思います。

――連覇するにはどうすれば良いのでしょうか？

神鳥　チャンピオン・マインドを持つためには時間がかかります。いまにおいては、明治はチャレンジャーの気持ちを忘れずに取り組むこと。去年のチーム、去年の明治をライバルにするとか、具体的な目標やライバルなどをしっかり見せ、高めていくことが必要なんじゃないかなと思います。昔は社会人との交流戦があって、社会人をイメージしてモチベーションを維持させたような、帝京のやり方もありました。しかしいまはそれが叶わないなかで、まずは去年の明治に勝つ、という目標を掲げるなどして、意欲を忘れずに取り組んでいってほしいですね。

明治大学ラグビー部成績表

年度	監督	主将
1923（大正12年）	ー	能見一夫
1924（大正13年）	ー	能見一夫
1925（大正14年）	ー	井上文雄
1926（大正15年）	ー	柳 茂行
1927（昭和2年）	ー	五十嵐元春
1928（昭和3年）	ー	北島忠治
1929（昭和4年）	北島忠治	知葉友雄
1930（昭和5年）	北島忠治	中村不二男
1931（昭和6年）	北島忠治	岡田由雄
1932（昭和7年）	北島忠治	都志悌二
1933（昭和8年）	北島忠治	松田久治
1934（昭和9年）	北島忠治	鳥羽善次郎
1935（昭和10年）	北島忠治	山口和夫
1936（昭和11年）	北島忠治	西垣三郎
1937（昭和12年）	北島忠治	大岡 勉
1938（昭和13年）	北島忠治	仙崎弘治・鍋加弘之
1939（昭和14年）	北島忠治	新島 清
1940（昭和15年）	北島忠治	藤 熊夫
1941（昭和16年）	北島忠治	坂下一雄
1942（昭和17年春）	北島忠治	浜武晴海
1942（昭和17年秋）	北島忠治	高島 輝
1943（昭和18年）	北島忠治	中田靖二
1946（昭和21年）	北島忠治	石田次男
1947（昭和22年）	北島忠治	安武恒夫
1948（昭和23年）	北島忠治	藤原敏行
1949（昭和24年）	北島忠治	斉藤 寮
1950（昭和25年）	北島忠治	村上 令
1951（昭和26年）	北島忠治	横山 昭
1952（昭和27年）	北島忠治	土屋英明
1953（昭和28年）	北島忠治	大塩 勇
1954（昭和29年）	北島忠治	松重正明
1955（昭和30年）	北島忠治	宮井国夫
1956（昭和31年）	北島忠治	寺西 博
1957（昭和32年）	北島忠治	藤 晃和
1958（昭和33年）	北島忠治	小林 清
1959（昭和34年）	北島忠治	松岡要三
1960（昭和35年）	北島忠治	青山武義
1961（昭和36年）	北島忠治	川口和隆
1962（昭和37年）	北島忠治	北島治彦
1963（昭和38年）	北島忠治	児玉雅次
1964（昭和39年）	北島忠治	村田一男
1965（昭和40年）	北島忠治	鈴木忠義
1966（昭和41年）	北島忠治	中村敬一郎
1967（昭和42年）	北島忠治	中村敬一郎
1968（昭和43年）	北島忠治	佐々木福松
1969（昭和44年）	北島忠治	池原 清
1970（昭和45年）	北島忠治	永田重行
1971（昭和46年）	北島忠治	木原喜一郎
1972（昭和47年）	北島忠治	高田 司

◎

１９７３（昭和48年）	北島忠治	境 政義	
１９７４（昭和49年）	北島忠治	中川裕文	
１９７５（昭和50年）	北島忠治	笹田 学	○◎★
１９７６（昭和51年）	北島忠治	熊谷直志	
１９７７（昭和52年）	北島忠治	吉野 徹	○◎
１９７８（昭和53年）	北島忠治	内田雄二	
１９７９（昭和54年）	北島忠治	木村和彦	○◎
１９８０（昭和55年）	北島忠治	瀬下和夫	
１９８１（昭和56年）	北島忠治	川地光二	◎
１９８２（昭和57年）	北島忠治	藤田 剛	
１９８３（昭和58年）	北島忠治	高田健造	
１９８４（昭和59年）	北島忠治	佐藤康信	
１９８５（昭和60年）	北島忠治	南 隆雄	○◎
１９８６（昭和61年）	北島忠治	高橋善幸	○
１９８７（昭和62年）	北島忠治	大西一平	
１９８８（昭和63年）	北島忠治	安東文明	○◎
１９８９（平成元年）	北島忠治	竹ノ内弘典	
１９９０（平成2年）	北島忠治	吉田義人	○◎
１９９１（平成3年）	北島忠治	小村 淳	○◎
１９９２（平成4年）	北島忠治	永友洋司	○
１９９３（平成5年）	北島忠治	元木由記雄	○◎
１９９４（平成6年）	北島忠治	南條賢太	○
１９９５（平成7年）	北島忠治	信野将人	◎
１９９６（平成8年）	北島忠治・寺西 博	松本幸雄	○◎
１９９７（平成9年）	集団指導体制	田中澄憲	○
１９９８（平成10年）	金谷福身（ＨＣ）	山岡 俊	○
１９９９（平成11年）	金谷福身（ＨＣ）	斉藤祐也	
２０００（平成12年）	田中充洋	桜井崇将	
２００１（平成13年）	田中充洋	松原裕司	
２００２（平成14年）	田中充洋	伊藤太進	
２００３（平成15年）	境 政義	小堀正博	
２００４（平成16年）	境 政義	黒田崇司	
２００５（平成17年）	境 政義	高野彬夫	
２００６（平成18年）	藤田 剛（ＨＣ）	日和佐豊	
２００７（平成19年）	藤田 剛（ＨＣ）	上野隆太	
２００８（平成20年）	藤田 剛	杉本晃一	
２００９（平成21年）	吉田義人	金澤章太・西原忠佑	
２０１０（平成22年）	吉田義人	杉本博昭	
２０１１（平成23年）	吉田義人	溝口裕哉	
２０１２（平成24年）	吉田義人	竹内健人	○
２０１３（平成25年）	丹羽政彦	圓生正義	
２０１４（平成26年）	丹羽政彦	勝木来幸	
２０１５（平成27年）	丹羽政彦	中村駿太	○
２０１６（平成28年）	丹羽政彦	桶谷宗汰	
２０１７（平成29年）	丹羽政彦	古川 満	
２０１８（平成30年）	田中澄憲	福田健太	◎

［注］ １９４２年度は春秋の2シーズン制。１９４３年度から45年度までは戦争のため中断。１９５７年度から62年度、64年度は加盟校をA、Bグループに分けた2リーグ制。１９６７年度より対抗戦とリーグ戦にわかれた。

○は関東大学対抗戦優勝年度

◎は大学選手権優勝年度（開催が始まったのは、１９６４年度から）

★は日本選手権優勝年度

Profile

明治大学体育会ラグビー部

一九二三年(大正十二年)に創部。明治大学体育会としては十四番目に加盟。部のエンブレムはペガサス。一九二九年から六十七年間監督を務めた故・北島忠治監督の下、サインプレーが多様化しつつあるラグビーの中、「基本」に忠実であることを徹底。「重戦車」と呼ばれる強力フォワードを軸に、前へとまっすぐ突進する豪快なラグビースタイルは、ラグビーファンから支持を得た。関東大学ラグビー対抗戦優勝十六回、大学選手権優勝十三回、日本選手権優勝一回という戦歴がある。チームカラーは紫紺。

制作協力　明治大学ラグビー部ＯＢ倶楽部
取材協力　本田技研工業株式会社、株式会社神戸製鋼所、サントリーホールディングス株式会社、トヨタ自動車株式会社、キヤノン株式会社、株式会社リコー、天理大学ラグビー部、京都産業大学ラグビー部
編集　滝川 昂、小室 聡（株式会社カンゼン）
編集協力　三谷 悠、松岡健三郎、花田雪、出村謙知、多羅正崇、山本浩之
写真　魚住貴弘、高山展誉
装幀・本文デザイン　山内宏一郎（サイワイデザイン）
ＤＴＰオペレーション　株式会社ライブ

紫紺の凱歌

明大ラグビー、再建と新時代へ

発行日　二〇一九年十一月二十二日　初版

著　者　明治大学ラグビー部

発行人　坪井義哉

発行所　株式会社カンゼン

〒一〇一-〇〇二一　東京都千代田区外神田二-七-一　開花ビル

電話　〇三(五二九五)七七二三　ファックス　〇三(五二九五)七七二五

http://www.kanzen.jp/

郵便為替　〇〇一五〇-七-一三〇三三九

印刷・製本　株式会社シナノ

ISBN 978-4-86255-524-3　Printed in Japan

定価はカバーに表示してあります。

ご意見、ご感想に関しましては、kanso@kanzen.jpまでEメールにてお寄せ下さい。お待ちしております。